TRUMP – und was tun wir?

Erhard Eppler

TRUMP – und was tun wir?

Der Antipolitiker und die Würde des Politischen

DIETZ

Bibliografische Information der Deutschen Nationalbibliothek

Die Deutsche Nationalbibliothek verzeichnet diese Publikation in der Deutschen Nationalbibliografie; detaillierte bibliografische Daten sind im Internet über http://dnb.dnb.de abrufbar.

978-3-8012-0529-4

Verlag J.H.W. Dietz Nachf. GmbH
Dreizehnmorgenweg 24, 53175 Bonn
Umschlag: Antje Haack | Lichten, Hamburg
Satz: Petra Strauch
Druck und Verarbeitung: CPI books, Leck

Printed in Germany 2018

[INHALT]

[KAPITEL 1]
Die These aus Berkeley

I. IN JEDER ARBEITSTEILIGEN GESELLSCHAFT wollen Berufe erlernt sein. Bauernbuben lernten von Vater und Großvater, was gutes und weniger gutes Futter für die Kühe ist. Und wenn ein Bauernjunge nicht Bauer werden wollte, schickte man ihm beim Schreiner oder Hufschmied in die Lehre. War ein Fürstenkind zur Nachfolge bestimmt, so wurde ihm eine sehr sorgfältige Erziehung zuteil. Es wurde auf alle Eventualitäten seiner Regentschaft vorbereitet.

Wenn heute ein junger Rechtsanwalt oder eine noch jüngere Gewerkschafterin in den Bundestag kommt, dann tun sie gut daran, dort, in der Fraktion, nicht gleich das Wort zu ergreifen, sondern sehr genau aufzupassen, wie die erfahrenen Parlamentarier ein Thema aufgreifen, wie sie es fertigbringen, in drei, höchstens fünf Minuten alles Wichtige abzuhandeln. Auch in der Politik gibt es Lehrjahre – die, genau genommen, nie enden. Man hat nie ausgelernt, zumindest nicht in der Politik. Aber man kann auch gänzlich unbeleckt sein. Dann hält man sich für zu allem fähig.

Nun haben die amerikanischen Wählerinnen und Wähler einen politisch gänzlich unerfahrenen 71-jährigen Geschäftsmann, inzwischen Milliardär, für alle Welt überraschend zum Präsidenten gewählt. Für den europäischen Normalbürger hatte der Neueinsteiger in die Politik schon durch seinen rüpelhaften Wahlkampf bewiesen, dass er nicht zum Präsidenten taugt. Aber er wurde gewählt, und zwar zum mächtigsten Mann der Erde, zum Präsidenten der ersten Weltmacht.

Stefan Kornelius, einer der deutschen Top-Journalisten, der als engagierter Freund der USA sicherlich auch gehofft hatte, dass der temperamentvolle Herr doch noch etwas dazulerne, kam nach einem guten halben Jahr von Trumps Präsidentschaft zu dem Ergebnis: Ein »selbstverliebter Größenwahnsinniger«. Das »selbstverliebt« ist deshalb wichtig, weil, wer in sich selbst verliebt ist, keine Lust hat, sich zu ändern.

Niemand kann die Kommentare überblicken, die seit November 2016 zu diesem Thema geliefert wurden, am Mittagstisch, in der Weltpresse, an Universitäten.

Die interessanteste Deutung des Phänomens Trump, allerdings eine Deutung, die einem den Schlaf kosten kann, stammt von der amerikanischen Politologin Wendy Brown. Sie lehrt an der University of California in Berkeley. Sie hielt am 28. Juni 2017 vor 900 Zuhörern im Haus der Kulturen in Berlin einen Vortrag, in welchem sie begründete, warum sie Donald Trump den »Frankenstein des Neoliberalismus« nannte.

Nur wenige ihrer Zuhörer werden den Roman gelesen haben, auf den sich Brown bezieht. Vor ziemlich genau 200 Jahren wurde er von Mary Shelley geschrieben, also in der Zeit der englischen Romantik. Da dieser Roman allerdings moderne Filmemacher inspiriert hat, werden manche Zuhörer schon geahnt haben, was der Name Frankenstein in diesem Kontext bedeutet.

Die Frankensteins, eine gut bürgerliche deutsche Familie aus dem Roman von Mary Shelley, hat nichts Unheimliches an sich. Auch nicht der Sohn Viktor, ein wissensdurstiger Student an der damals berühmten Universität Ingolstadt. Viktor eifert den Alchemisten nach und will sogar ein menschenähnliches Wesen schaffen, ihm Leben einhauchen. Als ihm dies schließlich gelingt, ist er entsetzt von der Hässlichkeit seiner Kreatur. Sie wird – gerade dadurch – zum bösen Monster, tötet, als Viktor heiraten will, seine Braut. Viktor verfolgt das Monster bis in die Eiswüsten des Nordens. Am Ende findet der Unhold seinen toten Schöpfer, sucht und findet selbst den Tod. Viktor Frankenstein, ein Wissenschaftler ohne böse Absicht, hat seine ganze Familie zerstört.

Wenn Wendy Brown auf diese – oft verfilmte – Geschichte zurückgreift und vom »Frankenstein des Neoliberalismus«

spricht, spiegelt dies ihre Überzeugung, dass der Neoliberalismus, ursprünglich eine Wirtschaftstheorie unter anderen, sich zum Marktradikalismus verschärft, in Donald Trump mit einem rüden Nationalismus verbunden hat und so zur tödlichen Gefahr geworden ist.

II. Ehe Wendy Brown darauf zu sprechen kommt, versucht sie zu verstehen, wer Donald Trump gewählt hat, welche Gruppen für seinen Fanatismus, sein Geschrei, seine Lügen ansprechbar waren.

Sie unterscheidet drei Gruppen. Zuerst nennt sie die »ängstlichen Autoritären«. Sie sehnen sich nach Ordnung, sie wollen einen entschlossenen, starken, autoritären Präsidenten, der für Ordnung sorgt. Wahrscheinlich rechnet sie dazu auch viele Evangelikale, die in ihrer Mehrheit Trump gewählt haben. Die zweite Gruppe nennt Brown die »apokalyptischen Populisten«. Sie suchen nicht ängstlich einen Halt, sie fühlen sich gedemütigt, sie grollen. Sie, meist weiße Männer, wollen ihren alten, inzwischen gefährdeten Status zurück. »Trump wirkt wie ein Balsam für diese in ihrer Potenz und sozialen Stellung gefährdete Gruppe. Er stellt unverbesserlich und kompromisslos die Mächte seines Weißseins und seines Wohlstandes zur Schau, ebenso wie die uneingeschränkten Rechte seines Penis«. Diese apokalyptischen Populisten sind fasziniert von Trumps »Toben und seiner Rüpelhaftigkeit«, ja von seiner »Indifferenz zu Fakten«. (Blätter für deutsche und internationale Politik. Heft 8/17, p52)

Schließlich die dritte Gruppe: »die sozioökonomisch Frustrierten«. Menschen, meist weiße, die sich im sozialen Abstieg fühlen, reagieren auf das Versprechen, »Amerikas Gewicht genauso zu nutzen wie sein eigenes« ... »Trump bestärkte politisch und persönlich den Anspruch, ein Rüpel und ein Bombenwerfer zu sein, weil Rüpelhaftigkeit und Bombenwerfen das Vorrecht weißer Männlichkeit sind.« (Blätter 8/17, p52).

Man mag Wendy Brown vorwerfen, dass ihre soziologischen Einsichten reichlich düster sind. Aber sie versucht ja zu verstehen, warum die Amerikaner einen Milliardär ins Weiße Haus geschickt haben, dessen Wahlkampf ein einziger Beweis dafür war, dass er als Präsident nicht taugt. Sie versucht, Antwort zu geben auf die Frage: Warum haben die Amerikaner nicht gesehen, was einem mittelmäßig begabten Europäer aus einigen tausend Kilometern Entfernung nicht entgehen konnte?

III. Wendy Brown unterscheidet also zwischen den Erfindern des Neoliberalismus, die, wie andere Ökonomen auch, eine Alternative zu Keynes suchten, und dem Marktradikalismus, der aus dieser Theorie erwuchs. Und sie hat hier auch nicht im Blick, was diesem Marktradikalismus am meisten vorgeworfen wird, dass eben die »Marktgerechtigkeit«, das, was der Markt an Ergebnissen zeitigt, sozial äußerst ungerecht sein muss. Was Brown im Auge hat, ist die antipolitische, nicht die antisoziale Wirkung dieser scheinbar rein ökonomischen Theorie. Wenn die Märkte allemal klüger sind als die Politik, wenn es also darum geht, die segensreiche Wirkung der Märkte zu einem Segen für die ganze Gesellschaft zu machen, dann kann die Politik nur noch stören. Wenn der Markt allemal klüger ist als die Politik, wozu ist diese dann noch nütze?

Das ganze politische Establishment, die Gewaltenteilung demokratischer Verfassungen ist dann nicht mehr eine Methode, der Diktatur vorzubeugen und Freiheit abzusichern, sondern ein Trick selbstsüchtiger, mittelmäßiger Figuren, sich auf Kosten der Allgemeinheit wichtig zu machen. Wenn schon so etwas nötig ist wie eine politische Ordnung, dann reicht eine tüchtige Exekutive, welche den Märkten zuarbeitet, »Deals« macht, die der Wirtschaft zugutekommen. Das erklärt auch Trumps Hass auf das »Establishment«. Es ist arrogant, aber unnötig.

Politik wird auch bei Trump zum Schimpfwort. »Als Politik verunglimpft er die rechtliche Prüfung seiner Dekrete, den Widerstand des Kongresses gegen die Ernennung inkompetenter Mitglieder seines Kabinetts« (Blätter 8/17, p.56).

Trump will, dass die USA wirtschaftlich dominieren. Machtpolitik betreibt er, auch Hochrüstung, damit »good deals« leichter durchzusetzen sind. Der wirtschaftliche Vorteil ist das Ziel kruder Machtpolitik. Alles Übrige – und das ist drei Viertel dessen, was Politik an Aufgaben hat: Frieden nach innen und außen, sozialer Ausgleich, Gleichstellung der Rassen, Bildung für alle, ist drittrangig, unnötig oder gar schädlich.

IV. Als »Politik« beschimpft Trump alles, was ihn hindert, im Sinne von »America first« gute »Deals« zu machen, wobei die Mittel für diese Deals durchaus flexibel sein können. Wo der Freihandel Amerika Vorteile bringt, hat Trump nichts dagegen, wo nicht, können auch Zölle und Handelshindernisse für den Konkurrenten weiterhelfen. Wo man in der Methode so flexibel, in der Zielsetzung so starr und durchsichtig agieren will, sind all die klugen Leute im Kongress oder gar die Richter, die über die Einhaltung von Verfassung oder Verträgen wachen sollen, zumindest überflüssig, meist aber hinderlich. Kurz: Politik ist das, wofür der Geschäftsmann und Nationalist nur Verachtung übrig hat. Er, der mächtigste Politiker, beschimpft die Politik.

Als der Wahlkämpfer Trump auf das »Establishment« eindrosch und seine Gegenkandidatin ins Gefängnis bringen wollte, hofften viele, dass er als Präsident lernen würde – und müsste – was Politik ist. Dass er begreifen würde, dass ein Präsident der Weltmacht Nr. 1 nicht nach Belieben twittern kann, was ihm gerade in den Sinn kommt, dass es auch zwischen und in Staaten ein Recht geben muss, das alle bindet.

Wenn Trump »Politik« und »politisch« als Schimpfwörter benutzt, was bei Populisten häufig vorkommt, knüpft er zwar an jenen Neoliberalismus an, der Politikern empfahl, wichtige Entscheidungen den – klügeren – Märkten zu überlassen. Aber einen Donald Trump hätte keiner der Theoretiker des Neoliberalismus für möglich oder gar für wünschenswert gehalten. Wendy Brown: »Zwar bestellte der Neoliberalismus also den Acker für einen antidemokratischen, autoritären, rassistischen Populismus. Das bedeutet jedoch nicht, dass dies der wesentliche Zweck, der Telos des Neoliberalismus ist« (Blätter 8/17, p.58.). Deshalb, so Brown, spreche sie vom »Frankenstein des Neoliberalismus«.

Viktor Frankenstein war ein wissensdurstiger junger Mensch mit honorigen Absichten. Aber geschaffen hat er ein Monster, ein für ihn und andere tödliches Monster.

Im Roman von Mary Shelley sterben alle, die an der Handlung beteiligt waren, darunter der Schöpfer des Monsters wie das Monster selbst. Will Wendy Brown damit andeuten, dass ein amerikanischer Präsident Donald Trump ein Experiment auf Leben und Tod sein könnte? Dass die Unterwerfung der Politik unter die Ökonomie, verbunden mit einem wilden Nationalismus ein Abenteuer sein könnte, das mit Leben und Tod von Millionen Menschen zu tun hat?

V. Politik begann, als Menschen versuchten, das Faustrecht zu überwinden, Formen des friedlichen Zusammenlebens zu finden, indem sie Regeln setzten, die für alle galten und deren Übertretung nicht ohne Folgen blieb. Politik begann damit, dass Menschen eine Ordnung suchten, die allen zumutbar und gegenüber allen durchsetzbar war. Dass es dabei nicht immer friedlich zuging, ist durchaus wahrscheinlich. Dass die Stämme oder Dörfer, die eine verbindliche Friedensordnung erreicht hatten, wieder mit anderen in Konflikte gerieten, kann man sich vorstellen. Das ändert nichts an dem Ziel, friedliches Zusammenleben zu ermöglichen. Auch im 21. Jahrhundert hat Politik eine zweifache Friedensaufgabe: Nach innen und außen, innerhalb der Staaten und zwischen ihnen.

Könnte die Unterwerfung der Politik unter die Ökonomie, verbunden mit krudem Nationalismus, für die Trump steht, nicht eine akute Gefahr für alle bedeuten? Wer so glaubhaft mit Krieg drohen kann, wer seine Rüstung ohne plausiblen Grund massiv aufstockt und gleichzeitig den nationalen Egoismus zur Staatsraison erhebt, ist doch wohl gefährlich für alle. Die Wissenschaftlerin aus Berkeley erinnert sogar an den – von Nietzsche vorhergesehenen – Nihilismus, »der in den letzten Jahrhunderten anwuchs ... der ein Verantwortungsgefühl für Gegenwart oder Zukunft hinfällig macht – bei Mächtigen und Ohnmächtigen gleichermaßen« (Blätter p. 59). Dieser Nihilismus sei von der »neoliberalen Vernunft begünstigt worden« (a. a. O., p. 59). Damit sind wir wieder bei Frankenstein.

[KAPITEL 2]
Die deutsche Variante

I. WAS WENDY BROWN DEN FRANKENSTEIN DES NEOLIBERALISMUS nennt, ist bei manchen komischen Zügen im Einzelnen für Amerika und die übrige Welt eine Tragödie, deren Ausgang wir noch nicht kennen. Wird Trump vier – oder gar acht – Jahre durchhalten? Und wenn er vorher gehen muss, was werden seine Anhänger tun? Was wird er seinen Anhängern raten?

Auf ganz andere, weniger dramatische Weise hat sich auch in Deutschland so etwas wie das erfolgreiche Scheitern des Neoliberalismus abgespielt. Es hat noch nicht die Ebene der Exekutive erreicht, und aus dem Stoff ließe sich auch eine Komödie machen. Aber es zeigt eben auch, wie rasch aus einer neoliberalen Politik etwas ganz und gar anderes, Gefährliches werden kann.

In dem Maße, in dem die christlich-demokratische Union (CDU) unpopulären Ballast abwarf, in einer Woche die Atomenergie als Energiequelle – worüber die SPD elf Jahre diskutiert hatte, bis sie zum Ausstiegsbeschluss kam –, die Wehrpflicht, die ausgerechnet ein scheiternder Verteidigungsminister zu verantworten hatte. Viele Deutsche nahmen der CDU auch die Einführung des Euro übel, schließlich war die DM ihr ganzer Stolz gewesen.

Kein Wunder, dass eine kleine Gruppe neoliberaler Professoren die Gründung einer konservativ-liberalen Rechtspartei vorbereitete. Ökonomisch sollte sie streng neoliberal sein. Ansonsten sollte – und konnte – sie an Positionen anknüpfen, die einmal die der CDU gewesen waren: DM statt Euro, Atomenergie statt erneuerbare Energien, Wehrpflicht statt Freiwilligenheer. Für diese Professoren, die schon bei der Gründung der »Alternative für Deutschland« ein sehr ausführliches Programm vorlegen konnten, sollten statt einer europäischen Union die europäischen Nationalstaaten ohne Aufgabe ihrer Souveränität gemeinsame Politik treiben.

Wer das Programm der AfD (Alternative für Deutschland) zur Hand nimmt, wundert sich zuerst einmal, dass es mehr als doppelt so lang ist als das berühmte Godesberger SPD-Programm von 1959, an dem die SPD jahrelang gearbeitet hatte. Es ist nicht die Skizze eines neuen Programms für eine Partei, die erst entstehen sollte, sondern eine bis ins letzte Detail ausführliche Festlegung für das, was nun werden sollte. Auch ist kein Gremium benannt, das den Auftrag gehabt hätte, das Programm auszuarbeiten. Man geht wohl nicht fehl, wenn man annimmt, dass ein paar der Professoren und deren Mitarbeiter das Programm diskutiert und formuliert haben.

Es verwundert nicht, dass da alles vorkommt, was zum neoliberalen Credo gehört. Schon in der Präambel werden – neben radikaler Kritik am Bestehenden – die »Prinzipien der wirtschaftlichen Vernunft« beschworen. Sie sollten an die Stelle des Bestehenden treten: »dem Bruch von Recht und Gesetz, der Zerstörung des Rechtsstaats« wollten die Autoren die »Prinzipien der wirtschaftlichen Vernunft« entgegensetzen (p.4).

Das bedeutet: »Schlanker Staat für freie Bürger«, dazu Privatisierungen (p.9), weniger Parlamentarier, kleinere Parlamente, größere Wahlkreise. Wie so der persönliche Kontakt der Abgeordneten mit ihren Wählern funktionieren soll, wird nicht gesagt. Wo Donald Trump gegen das »Establishment« wettert, müssen im Programm »die Berufspolitiker« herhalten, so, als ob die Komplexität moderner Politik von Frauen und Männern zu beherrschen wäre, die nicht die Politik bei aller Belastung als ihren Beruf angenommen haben. Die Abschaffung der Erbschaftssteuer zeigt: Sozialer Ausgleich ist nicht vorgesehen. Im Strafgesetz soll ein Straftatbestand der Steuerverschwendung eingeführt werden (p.14). Dass es in Deutschland seit langem Rechnungshöfe gibt, die alle Staatsausgaben peinlich genau überprüfen, reicht diesen Marktradikalen nicht, wo immer der Staat Geld ausgibt, soll der zuständige Politiker oder Beamte – oder gar der Parlamentarier im Haushaltsausschuss – fürchten müssen, dass er vor Gericht kommt, weil irgendjemand – und solche Leute gibt es immer – eine notwendige Ausgabe für Verschwendung hält.

Was Europa angeht, so soll es wieder zur reinen Wirtschaftsgemeinschaft abgestuft werden. Dazu soll notfalls auch ein »Austritt Deutschlands aus der Europäischen Union« dienen (p.16). Natürlich soll dabei auch der Euro abgeschafft werden. Dabei müssten die Professoren der Ökonomie sich doch vorstellen können, wie der deutsche Export unter der Überbewertung einer neuen Mark leiden müsste.

Dass die AfD schon von Amerika gelernt hat, zeigt sich im Waffenrecht: »Die AfD widersetzt sich jeder Einschränkung von Bürgerrechten durch eine Verschärfung des Waffenrechts« (26). Dass es im 21. Jahrhundert immer schwieriger wird, das staatliche Gewaltmonopol aufrechtzuerhalten und deshalb Staaten zerbröseln, interessiert offenbar nicht.

Am kürzesten und dürftigsten ist das Kapitel 5 »Arbeitsmarkt und Sozialpolitik«. Schon die Überschrift zeigt: Auch wo es um die Arbeit der Menschen geht, soll der Markt der Maßstab sein. Daher ist auch unklar, was gemeint ist mit der »Reform der sozialen Sicherungssysteme«. Es ist durchaus verständlich, warum eine neoliberale Partei zur Sozialpolitik wenig zu sagen hat. Dass es später einmal vor allem Arbeiter sein könnten, die, aus Gründen, die im Programm nur am Rande vorkommen, diese Partei wählen, wussten die Verfasser des Programms noch nicht.

Dass dieses Programm auch schon so denken kann wie Donald Trump, zeigt der Abschnitt über die Klimapolitik: Es gibt keine menschengemachte Erderwärmung. Das wissen auch die Leute der Tea Party. Sie wissen auch, dass Ökologie nur ein Trick der Linken ist, die Märkte zu gängeln. Wer schon in den frühen Siebzigerjahren ökologisch dachte, erinnert sich an das, was er damals auch aus der Union hörte.

II. Heute wird dieses ausführliche Programm der AfD eher versteckt. Die meisten der jetzt Aktiven haben es wohl nie gelesen. Es könnte sie auch nur verwirren. Denn der »Frankenstein des Neoliberalismus« hat in Deutschland seinen eigenen, ganz anderen Weg gefunden. Als die neue, anspruchsvolle Partei vor die Öffentlichkeit trat, gab es nur ein Thema, das alle umtrieb: Es war das Jahr, in welchem fast eine Million Flüchtlinge in Deutschland Zuflucht suchten, weil Angela Merkel anders als die Regierungschefs in Frankreich, Großbritannien oder gar Polen, den Gejagten Unterschlupf bot und den Deutschen einfach sagte: »Wir schaffen das!«

Was für viele Menschen im Ausland ein Deutschland war, das sie gar für nicht für möglich gehalten hatten, das Land, das, zusammen mit Schweden, den Gejagten Schutz und Hilfe, manchmal sogar ein herzliches Willkommen bot. Natürlich waren die staatlichen Stellen überfordert, natürlich schlüpften bei dieser Gelegenheit auch Leute durch, die für Terroristen ansprechbar waren, natürlich ließ sich nicht einfach fortsetzen, was im Jahr 2015 für viele Beobachter ein ganz neues, anderes Deutschland ergab. Auch wenn Horst Seehofer nicht ahnte, sondern wusste, dass kein Land solche Großzügigkeit beliebig lange durchhalten kann, das Jahr 2015 wird in die deutsche Geschichte eingehen als Beweis dafür, dass die Deutschen in ihrer Mehrheit den Strom der Gejagten freundlich und hilfsbereit aufnahmen.

Aber die knappe Million Flüchtlinge in einem Jahr machten auch Angst. Alles Fremde macht erst einmal Angst. Kleine Kinder wollen auf den Arm der Mutter oder des Vaters, wenn Fremde kommen, die sie noch nie gesehen haben und es dauert einige Zeit, bis sie für die neue Bekanntschaft ein Lächeln übrig haben. Und wenn Fremde in ein Land kommen, wo sie Hilfe, Schutz, schließlich auch Arbeit suchen, können sie auch Konkurrenten werden. Es gehört wenig Intelligenz und noch weniger Mut dazu, diese allzu menschlichen Gefühle zu aktivieren und politisch auszubeuten. Als Merkel sich von ihrer bis dahin unbekannten Seite zeigte, gab es von keiner der im Bundestag vertretenen Parteien aktiven Widerspruch: eine wunderbare Gelegenheit für die neue Partei, sich nun als wirkliche Alternative zu präsentieren: Seht, wir sind die einzigen, die unser Deutschland vor Überfremdung, vor der Multikulti-Gesellschaft retten können. Sehr bald meldeten die Demoskopen, die neue Partei habe schon eine zweistellige Anhängerschaft. Landtagswahlen bestätigten dies. Aber diese neuen Anhänger hatten nichts zu tun mit dem neoliberalen Programm der Professoren. Fremdenfeindlichkeit gedeiht fast immer rechts von der Mitte. Und vom Hass auf die Fremden ist nur ein kleiner Schritt zum Hass auf eine politische Ordnung, nach welcher nicht nur dem eigenen Volk, sondern allen Menschen ihre Menschenwürde zugesichert wird.

III. Die neoliberalen Professoren hatten ihre Partei rechts von der Mitte angesiedelt. Viele der neuen Mitglieder interessierten sich nicht für das Programm, sie wussten gar nicht, was Neoliberalismus bedeutet und sie wollten es auch nicht wissen. In der neuen Partei sammelten sich Leute, die mit ihrem Fremdenhass andere rechte Vorurteile mitbrachten und nun ausprobierten, wie weit sie sich in Richtung Rechtsextremismus bewegen konnten. Eine der intelligentesten Führungsfiguren fand, »völkisches« Denken und Reden könne doch nicht rechtsextrem sein. Niemand antwortete ihr, dass das Zentralorgan der NSDAP, also die Tageszeitung, mit der Josef Goebbels täglich kundtun konnte, was die Parteifunktionäre zu verkünden hatten, der »Völkische Beobachter« war. Deutschland braucht im 21. Jahrhundert keine »völkischen Beobachter« mehr, auch wenn sie sich nicht als Nazis fühlen.

Kein Wunder, dass die seriösen Professoren, auch der Vorsitzende der neugegründeten Partei, sich nicht halten konnten. Was sie ursprünglich wollten, interessierte kaum noch jemanden. Was ihnen ursprünglich vorschwebte, hätte auch nicht gereicht, die Hürde der fünf Prozent zu überspringen. Dafür war eine neue Rechtspartei entstanden, die sich häufig am Rande zum Rechtsradikalismus bewegte. Das weckte in Deutschland schlimme Erinnerungen. Die neue Partei gliedert sich in das ein, was Europa bereits an populistischen Parteien aufzuweisen hat.

Für die AfD ist Donald Trump, wie sie selbst, ein Kämpfer gegen das Establishment. Dass er Deutschland zuerst als ökonomischen Konkurrenten versteht, den er kleinkriegen will, wird den neuen Nationalisten noch manche Sorge bereiten.

Politische Bündnisse wie die NATO kann Trump nicht einfach auflösen. Er kann sie allenfalls benutzen, um Konkurrenten zu schwächen. Dass Trump auf den zwei Prozent des Bruttosozialprodukts besteht, gilt weniger dem Partner als dem Konkurrenten. Nationalisten taugen nicht für dauerhafte Bündnisse. Wenn die AfD ihr »Germany first!« durchhalten will, so wird sie früher oder später auf einen erbarmungslosen Trump treffen.

Trump wollte als Präsident nicht alle Welt reicher machen, sondern nur sein Land, die Vereinigten Staaten, und zwar genau so energisch wie vorher sich selbst: America first! Und, das war ihm bald klar, dafür war der Marktradikalismus allein nicht die richtige Methode. Tüchtige Unternehmer gab es überall, auch in China oder in Deutschland. Da halfen nur »good Deals«, also Abmachungen, die den USA einen Vorteil bringen. Was den Marktradikalismus mit dem ökonomischen Nationalismus verbindet, ist der entfesselte Egoismus, die Rücksichtslosigkeit. Der Unterschied zwischen beiden ist dann, dass der Marktradikalismus höchstens sehr indirekt mit Krieg und Frieden zu tun hat. Der »America-first-Nationalismus«, konsequent exekutiert von der Weltmacht Nr. 1, kann durchaus den Frieden gefährden.

Am 24. September 2017 ist die Partei, die so ganz anders wurde, als ihre Gründer sich das erträumt hatten, in den Deutschen Bundestag eingezogen. Jeder achte Wähler, jede achte Wählerin – wenn man davon absieht, dass wohl mehr Männer als Frauen AfD gewählt haben – wollte sie im Bundestag haben. Sie ist die drittstärkste Fraktion geworden. Käme es noch einmal zu einer Großen Koalition, wäre sie so etwas wie die Oppositionsführerin.

Unter ihren Wählern waren viele Arbeiterfamilien, auch solche von Arbeitslosen. Sie wissen nicht, dass die Sozialpolitik in ihrem Programm gar nicht vorkommt. Irgendwann muss die Partei die Fleißarbeit der neoliberalen Professoren auf dem Abfallhaufen der Geschichte deponieren.

Innerhalb der Partei brodeln noch Richtungskämpfe: Wie weit darf sie sich nach rechts bewegen, ohne an das zu erinnern, was nur noch die ganz Alten bewusst erlebt haben?

Die Populisten haben die Legislative erreicht, noch nicht die Exekutive, wie in den USA. Dass dies so bleibt, ist die gemeinsame Aufgabe der Demokraten, von der CSU bis zur Linkspartei. Dass das eindeutige Nein zu dieser Partei sich ohne Hass formulieren lässt, darf man wenigstens hoffen.

[KAPITEL 3]
Was bedeutet Donald Trump für Europa?

I. ALS DIE DEUTSCHE KANZLERIN von ihrem ersten Besuch beim neuen Präsidenten der USA zurückkam, tat sie etwas für sie ganz Untypisches: Sie machte eine Äußerung, die auf eine neue, veränderte Gesamtpolitik schließen ließ. Sie sagte: »Wir müssen jetzt unser Schicksal in die eigenen Hände nehmen.« Gemeint war: Wir können uns auf die Leute, die jetzt in Washington entscheiden, oft auch nur sich streiten, zumal auf den Präsidenten, nicht mehr verlassen. Sie sagte nicht, was dies praktisch bedeutete. Das konnte ja noch kommen.

Aber es kam nicht. Es kam nichts, was man als Präzisierung dieser Grundsatzentscheidung hätte deuten können. Inzwischen ist klargeworden: Wir Deutschen sind für Trump ein wirtschaftlich allzu erfolgreiches Land, wir sind für ihn, den Ökonomen, der die Politik in den Dienst der Ökonomie stellen will, ein gefährlicher Wettbewerber, mit dem seine Vorgänger leider keine »good Deals« gemacht haben. Wir sind ein Land, dem das »America first« erst noch beigebracht werden muss. Inzwischen hat sich die groteske Szene in unser Gedächtnis eingegraben, bei der die Oberhäupter der NATO-Staaten wie Rekruten vor der Vereidigung antreten mussten – Generalsekretär Stoltenberg stand für sich, wie einst der Offizier, der dem Chef die Truppe gemeldet hatte – um stehend eine Moralpauke des neuen Präsidenten anzuhören. Wäre das nicht eine Gelegenheit für Frau Merkel gewesen, den neuen Grundsatz zu präzisieren? Es kam nichts, was sich so deuten ließe. Merkel hat ihre Aussage wiederholt, aber nie interpretiert. Und die sie hätten fragen müssen, haben es nicht getan.

Niemand in Deutschland hat der Kanzlerin widersprochen, weil fast alle verstört sind durch das, was man aus Washington hört. Die Hoffnung, dass die ehrwürdige Demokratietradition der USA sich rasch wieder durchsetzen werde, teilen nur wenige. Ein Land, das einen ganz offenkundig ungeeigneten Präsidenten wählt, einen Präsidenten, der fast alle seine Vorgänger jenem »Establishment« zurechnet, das er verachtet, ist nicht berechenbar. Das hat auch Angela Merkel gemeint. Oder doch nicht? Was dann?

II. Dass der neue Präsident den russischen Präsidenten Putin für einen interessanten Partner halte, war schon im Wahlkampf bis nach Europa durchgedrungen und hatte bei den einen Hoffnungen auf eine friedlichere Welt, bei den anderen Sorge um die NATO hervorgerufen. Inzwischen stimmt auch Trump neuen Sanktionen gegen Russland zu, die begründet werden mit dem – mehr oder minder wahrscheinlichen – Versuch der russischen Seite, Trump im Wahlkampf zu helfen. Vor nichts muss Trump so viel Angst haben wie vor einem Beweis, dass in Moskau jemand ihn hat unterstützen wollen. Also einigt man sich im Weißen Haus auf einen streng antirussischen Kurs, verhängt neue Sanktionen. Dass auch in Europa einige aufatmen, ist verständlich, wenn auch nicht unbedingt erfreulich. Denn ein neuer Kalter Krieg macht die Welt nicht sicherer. Ein unberechenbarer Anfänger in Washington und ein vielfach verletzter Feind im Kreml – ist das gut für Europa?

Wie immer dieser Teil des Gerangels in Washington ausgehen mag, dort wird man auf absehbare Zeit mit der Bändigung des selbstverliebten Größenwahnsinnigen beschäftigt sein. In der seit Jahren nach rechts tendierenden Republikanischen Partei wird man versuchen, einen gemeinsamen Nenner mit Trump zu finden, und der dürfte die Spannungen in der amerikanischen Gesellschaft nicht mildern, sondern verschärfen. Sogar wenn es gelänge, Trump durch ein Amtsenthebungsverfahren loszuwerden, bleibt offen, was aus den Vereinigten Staaten wird. Die inneren Spannungen, wohl auch die Neigung zur Gewalt, dürften eher zunehmen, parteiübergreifender Konsens noch seltener werden.

Und die durch Trump Fanatisierten werden sich nicht so leicht besänftigen lassen. Sie werden nicht nur bei den Wahlen zu Senat und Repräsentantenhaus Rache nehmen. Was Angela Merkel zum Thema gemacht hat, das Verhältnis Europas zu den Vereinigten Staaten, wird auf der Tagesordnung bleiben, diesseits und jenseits des Atlantiks.

Europa ist vorläufig nur verstört. Die richtige und wichtige Parole hat Angela Merkel ausgegeben, allerdings ohne erkennen zu lassen, was dies für sie und die Bundesrepublik Deutschland praktisch bedeuten könnte. Vielleicht hat sie die Parole nur verkündet, damit keine andere Partei daraus Politik machen kann. Das ändert nichts daran, dass sie richtig und nötig ist.

Wenn in den USA nationalistische Kräfte am Werk sind, denen man eine Führungsrolle auf dem Erdball nicht wünschen kann, dann muss Europa sich auf eine selbständigere Rolle vorbereiten. Dazu muss es sich, rascher als vorgesehen, zusammenschließen und durch eigene Initiativen, Europa zu einem Kontinent des Friedens machen. Dazu muss es sein Verhältnis zu Russland regeln. Nur ängstlich am einen Tag nach Washington, am anderen nach Moskau zu schielen, ist keine europäische Politik.

III. Für amerikanische Strategen, beginnend mit Zbigniew Brzeziński, gilt West- und Mitteleuropa als amerikanischer Brückenkopf auf dem eurasischen Kontinent. Russland ist ein Teil Eurasiens, der sich amerikanischer Herrschaft entziehen kann. Ist das auch die europäische Sicht? Manches sprach dafür während des Kalten Krieges, als es eine kommunistische Sowjetunion und ein – etwas anders – kommunistisches China gab. Muss das unsere Sicht sein, wenn China sich anschickt, die USA ökonomisch einzuholen und ein konservatives Russland nach Partnern sucht, um das dünnbesiedelte Riesenreich zu modernisieren? Die russische Grenze führt, von der Ostsee bis ans Schwarze Meer quer durch Europa. Im Kalten Krieg war Westeuropa ganz gerne ein amerikanischer Brückenkopf. Jetzt hat die Europäische Union ein Interesse an einer geregelten, friedlichen Beziehung zu Russland und Russland hat ein Interesse an wirtschaftlicher Zusammenarbeit mit Europa. Trump denkt ökonomisch, nicht politisch. Dass wir politisch Verbündete sind, zählt für ihn weniger, als dass wir ökonomisch Konkurrenten sind.

Wer eine neue Russlandpolitik schon deshalb für unmöglich hält, weil Russland eine Form von Demokratie pflegt, die für den Geschmack der meisten Europäer einen kräftigen Schuss Liberalität brauchen könnte, verwechselt Innen- und Außenpolitik. Es könnte durchaus sein, dass der Autor dieses Buches, nach St. Petersburg verpflanzt, als russischer Staatsbürger sich irgendwann der zerstrittenen, liberalen Opposition anschlösse, wohl wissend, dass dies Putin nicht erschrecken müsste. Er kann darauf verweisen, dass es doch ein Unterschied ist, ob ein russisches Gericht ein paar überdrehten Mädchen, die ausgerechnet eine Kirche brauchten, um gegen den Staatspräsidenten zu demonstrieren, zwei Jahre Arbeitslager aufbrummt oder, ob bei Stalin ein kleiner Haken am Namen ein Todesurteil bedeuten konnte. Verglichen mit Stalins Russland ist Putins Russland ein Rechtsstaat. Sicher, dort gibt es ein Gesetz, das »homosexuelle Propaganda« bestraft. In Deutschland, dem kaiserlichen, dem Weimarer und dem Nazideutschland, aber eben auch in der Bundesrepublik mindestens bis Gustav Heinemann Justizminister wurde (1966), verbot § 175 jede Homosexualität. Die Strafe konnte das Strafbataillon oder das KZ sein. Kurz: Auch wir Deutschen haben lange genug gebraucht, bis wir uns von Psychologen und Ärzten über die Homosexualität haben aufklären lassen.

Außenpolitik ist nicht verlängerte Innenpolitik. Es geht nicht darum, mit wem zusammen man eine Regierung bilden kann, sondern wer bereit ist, auf unsere deutschen Interessen Rücksicht zu nehmen, wenn wir die seinen beachten. Und genau dazu scheint Putin bereit. Dafür hat er einst vor dem Deutschen Bundestag geworben. Und auch Michail Gorbatschow hat schließlich in die NATO-Mitgliedschaft ganz Deutschlands nur eingewilligt, weil er in diesem Deutschland einen Partner für die Zukunft sah. Putin hat übrigens so wenig Lust, aufmüpfige Deutsche zu regieren, wie Angela Merkel Lust hat, aufmüpfige Russen zu regieren. Beide finden, sie seien ausreichend beschäftigt.

IV. Wer am 30. August 2017 Donald Trump im Fernsehen bei CNN die Steuersenkungen seiner Administration vorbereiten sah, konnte versucht sein, den Hut zu ziehen, ob solch perfekter Demagogie. Aber als Deutschem musste mir klar sein, dass die Ankündigung, wirklich niedrige Unternehmenssteuern würden aus aller Welt Industrien in die USA locken, natürlich Länder wie Deutschland im Visier hatte. Trumps ökonomischer Nationalismus, verbunden mit einer zügellosen, aber wohlberechneten Rhetorik, dürften dazu führen, dass die Vereinigten Staaten in Europa als ökonomische Gefahr wahrgenommen werden. Das passt nicht zu den gegenseitigen Verpflichtungen der NATO.

Die NATO, das wissen wir 2017, wird fortbestehen mit weniger Vertrauen auf beiden Seiten, aber nicht mit weniger Ermahnungen. Daraus dürfte sich dann doch eine Diskussion über die Frage ergeben, was es bedeutet, dass Europa auf eigene Füße zu stehen kommen muss. Im besten Fall könnte das zu einer reformierten NATO führen, einer NATO aus zwei gleichberechtigten Säulen, einer amerikanischen und einer europäischen.

Auch ein Wettrüsten zwischen Europa und Russland wäre unsinnig. Dass Putin vor allem seine Marine modernisieren und stärken will, deutet nicht darauf hin, dass er Europa donauaufwärts erobern will, sondern dass er weiter, wie in Syrien, unter den großen Mächten mitspielen will. Das haben wir uns glücklicherweise abgewöhnt.

Im 21. Jahrhundert gibt es kein deutsches Interesse, das schwerer wiegt als die Erhaltung des Friedens. Im Grunde ist dies, soweit die Länder von berechenbaren, vernünftigen Menschen regiert werden, überall so, in Südkorea, in Kolumbien, auch in Russland, das Schlimmeres hinter sich hat als alle anderen.

Wenn ein Donald Trump im Weißen Haus – und dann auch wieder auf Kundgebungen mit seinen fanatisierten Anhängern – für die Europäer bedeutet, dass sie ihr Schicksal in die eigenen Hände nehmen müssen, dann ist das Ziel eine europäische Friedensordnung. Das bedeutet, dass die Europäische Union gefestigt werden und außenpolitisch handlungsfähig gemacht werden muss. Und es bedeutet, dass wir eine Friedensordnung schaffen müssen, die Russland einbezieht.

Sicher, das wird seine Zeit brauchen und viel Mühe und Zähigkeit bei den Diplomaten und denen, die in der Europäischen Union Verantwortung tragen. Da werden Hindernisse aufgebaut, in Washington, in Warschau, auch in Berlin. Aber Europa ist eben mehr als ein Brückenkopf der USA auf dem eurasischen Kontinent.

Die NATO reformieren, mit Russland so etwas wie einen europäischen Friedenspakt ausarbeiten, in welchem auch die jammervoll heruntergewirtschaftete Ukraine einen Platz findet, der ihr eine neue Chance gibt: Das alles wird viel Zeit und noch mehr politische Energie brauchen, politische Einsicht, politische Diskussion, politischen Mut, Bereitschaft zur politischen Verantwortung. Zuerst aber braucht es politischen Willen.

Ein politischer Wille bildet sich da, wo Politiker den Mut haben, sich etwas vorzunehmen, was auch scheitern kann. Aber ein Scheitern in dem, was Angela Merkel anmahnt, nämlich ein Europa auf eigenen Beinen, wird immer noch besser sein als die Resignation schon heute. Europa als Friedensmacht hat seine Position noch nicht gefunden.

[KAPITEL 4]
Ende der Zauberworte

I. IM 19. JAHRHUNDERT GAB ES EIN POLITISCHES ZAUBERWORT, das Menschen motivierte, zusammenführte und zur Aktion drängte: Fortschritt. Wo vorher Handwerker ihre bescheidenen Werkstätten gebaut hatten, entstanden Fabriken für hunderte oder gar tausende von Arbeitern. Wo Pferdekutschen auf holprigen Landstraßen ihren Pferden oft allzu viel abverlangt hatten, liefern nun Stahlschienen durchs Land, auf denen Dampflokomotiven Züge mit einem halben Dutzend Wagen und einer Geschwindigkeit durchs Land zogen, die uns heute jämmerlich vorkäme, damals aber unerhört, weil unerlebt, war. Und politisch gaben zwar immer noch die Monarchien in Wien, Berlin, London und sogar in Paris den Ton an, aber daneben gab es Parlamente, in denen man sich um die richtige Politik streiten konnte. Oft gab es mehr als eine liberale Partei, weil fast alle »Fortschrittlichen« auch liberal sein wollten. Natürlich gab es auch Konservative, die nicht zuletzt die Herrscherhäuser stützten, aber doch meist in der Defensive waren. Und schließlich, um die Mitte des Jahrhunderts, kamen noch die Sozialdemokraten dazu, die dann fragten, ob man wirklich einem Arbeiter oder gar einer Arbeiterin 60 Arbeitsstunden oder noch mehr die Woche zumuten könne. Sie erfanden dann zum technischen und politischen den sozialen Fortschritt.

Irgendwo im Fortschrittsglauben versteckt, lebte die Hoffnung, dass nun ein Menschenleben leichter, heller werden konnte.

Dass der Fortschritt seine schreckliche Seite zeigte, bewirkten die beiden Weltkriege. Nach Verdun hatte der technische Fortschritt seine Unschuld verloren. Etwa so, wie die Soldaten Verdun, erlebte im Zweiten Weltkrieg die Zivilbevölkerung den Bombenkrieg. Und seit 1945 leben wir im Schatten der ultimativen Bombe, der Atombombe.

Das Schlüsselwort nach dem Zweiten Weltkrieg hieß nicht mehr Fortschritt, sondern Wachstum. Dieses Wirtschaftswachstum hatte den Vorteil, dass es sich sogar messen ließ. Man konnte genau feststellen, wann und wo es rascher oder langsamer vor sich ging. Wachstum war nicht nur Ausweis des Erfolgs, es wurde zum Ziel der Politik.

Bis zur ersten Ölpreiskrise gab es stolze Wachstumsraten: sieben Prozent oder doch fünf Prozent oder vier Prozent. Dann musste dem Wachstum nachgeholfen werden, indem man Geld ausgab, das man noch nicht hatte: Staatsverschuldung. Gegen den Wachstumsmythos trat erstmals 1972 der Klub von Rom auf: Es gebe Grenzen des Wachstums, vor allem des hilfreichen, verträglichen Wachstums, gab er zu bedenken. Und nun, im 21. Jahrhundert soll gerade das nicht mehr wachsen, was bislang das Wachstum getragen hatte: die Energiequellen Kohle und Öl. Ihr Verbrauch erhöht das Kohlendioxid in der Luft und verändert damit das Klima, sorgt für mehr Klimakatastrophen.

Was schon seit mehr als 40 Jahren erkennbar war, wurde nun offenkundig: Sache der Politik war es nicht, in jedem Fall das Wachstum anzukurbeln und zu verstärken, sondern zu entscheiden, was wachsen soll und schädliches Wachstum bremsen.

II. Kurz vor der Wende des Jahrtausends, nach der Implosion des Kommunismus, war es nicht irgendein sensationslüsterner Journalist, sondern ein renommierter Historiker, der ein anderes Zauberwort in die weltweite Debatte warf: Die These vom Ende der Geschichte.

Für sich genommen könnte dieses Wort ängstigen: Soll nun alles zu Ende sein? Aber er war kein Pessimist, der amerikanische Professor japanischer Herkunft, der sich da zu Wort meldete. Heute, dreißig Jahre danach, erscheinen Fukujamas Thesen allzu optimistisch. Denn er meinte ja nicht, dass nun die Menschheit samt ihrer Geschichte in einem tiefen Loch verschwinde. Nach der Implosion des Kommunismus fand er, alles Wichtige sei nun entschieden. Der Kapitalismus und die parlamentarischen Demokratien, die auf seinem Boden gewachsen waren, hätten nun keine ernsthaften Widersacher mehr. Natürlich würde es weiter Staaten geben, meist von der Art, die sich nun durchgesetzt hatte, wohl auch Konflikte zwischen ihnen, die sich auf zivilisierte Weise bereinigen ließen. Aber alles Wichtige sei nun entschieden. Natürlich müsse die Welt irgendwie verwaltet werden, aber die Regeln dafür seien nicht mehr im Streit. Kurz: Professor Fukujama versprach uns nicht den Untergang, sondern, ganz im Gegenteil, eine friedliche, etwas langweilige, aber geordnete, undramatische Zukunft.

Und genau das ist nun eher unwahrscheinlich. Nicht nur, weil wir offenbar noch nicht einmal die Gefahren des Atomkriegs haben bannen können. Nicht nur, weil die Regierungsform, die der Professor zum definitiven Sieger erklärt hatte, genau da in die Krise geraten ist, wo die wichtigsten Entscheidungen fallen. Sondern weil andere Wissenschaftler aus einem ganz anderen Fach uns ziemlich einhellig vorhersagen, was der Planet Erde verträgt, ohne sich an den Menschen zu rächen. Die Geschichte der Menschheit ist nicht zu Ende, es beginnt vielleicht ihr dramatischster Teil. Die Menschen dürfen nicht mehr, wie seit vielen hunderttausend Jahren, die Gaben der Erde nutzen, so gut und effizient sie es können, sondern die Menschheit, in hundert Jahren angewachsen auf die vierfache Zahl, muss lernen, sehr viel rücksichtsvoller mit der Erde umzugehen und die technische Zivilisation, auf die wir so stolz sind, anzupassen an das, was der Planet erträgt.

Damit ist die Geschichte nicht zu Ende, der dramatischste Teil könnte uns noch bevorstehen.

III. In der großen, nun eindeutig kapitalistischen Welt, musste man nun keine Rücksicht mehr darauf nehmen, dass eine allzu aufreizende Kluft innerhalb der Gesellschaft den Kommunisten eine Chance zuspielen könnte, und so setzte sich, nach dem Kollaps der

Sowjetunion, ein Marktradikalismus durch, der früher oder später politischen Widerstand, wohl auch neue Krisen erwarten ließ. Aber alle hofften auf weniger aufgeregte, weniger gefährliche, weniger dramatische Zeiten, jedenfalls keine Kubakrise mehr.

In Moskau tummelten sich jetzt die Chicago Boys, die dafür sorgten, dass aus den Kommunisten keine Sozialdemokraten wurden. Der Kapitalismus hatte gesiegt, also war es, auch für viele Kommunisten, nur logisch, dass man das System übernahm, das lupenrein kapitalistisch war: das marktradikale. Da bei der Privatisierung von Industrie und Energiequellen eine einigermaßen gerechte Lösung gar nicht erst versucht wurde, setzten sich die »Oligarchen« durch, die mit ihrem zusammengerafften Reichtum kleine Staaten im Staat bilden konnten, im russischen, noch dreister im ukrainischen.

Die Staaten des Warschauer Paktes suchten Anschluss an den Westen, traten der NATO und der Europäischen Union bei. Niemand fragte sie, wie sie sich eine europäische Gemeinschaft im Endzustand wünschten, denn diese Frage wagten die alten Mitglieder einander auch nicht zu stellen, bis dann die Briten, nach einem reichlich demagogischen Abstimmungskampf, beschlossen, aus der Europäischen Union auszusteigen. Erst jetzt ließ sich nicht mehr verbergen, dass, wenn französische, spanische, polnische oder deutsche Europäer von Europa sprachen, sie keineswegs dasselbe meinten. Erst als Ungarn und Polen ausprobierten, ob auch der penetrante Nationalismus der Zwanziger- und Dreißigerjahre, der Piłsudskis und Horthys, sich mit den europäischen Rechten und Pflichten vereinbaren ließe, wurde klar, wie stark die nationalen Kräfte immer noch waren und wie schwer es sein würde, sich auf ein gemeinsames Ziel zu einigen.

Aus der Sicht derer, die seit Jahrzehnten wissenschaftliche Erkenntnisse in Politik zu übersetzen versuchen, ist das, was die Klimakonferenz von Paris sich vorgenommen und teilweise auch erreicht hat, nicht annähernd ausreichend, um der Generation, die zu Beginn des 22. Jahrhunderts noch leben will, ein Leben in einem

Klima garantiert, das vom heutigen nicht allzu weit entfernt ist. Dabei handelt es sich um die Generation meiner Urenkel, die jetzt, acht an der Zahl, munter und lebenshungrig heranwächst. Sobald man, was der Klimaschutz erreichen soll, auf die Menschen bezieht, die im veränderten Klima leben sollen, wird aus dem wissenschaftlichen Einspruch der Klimaforscher auch ein moralischer: Was können wir unseren Nachkommen – die wir schon kennen – und denen, die wir noch nicht kennen, zumuten?

IV. Wer in den Fünfzigerjahren des letzten Jahrhunderts das deutsche Wirtschaftswunder feierte, hatte Recht. Dieses plattgebombte Deutschland, das seinem Führer in seinen Krieg gefolgt war, einen Krieg, den dieser schon plante, ehe er Kanzler wurde, hatte noch die Kraft und den Willen zum Wiederaufbau. Dass die Natur, wo nicht gerade Granaten den Boden umgepflügt hatten, gänzlich unversehrt war, hatte den Soldaten, die sich im Frühjahr 1945 nach Hause durchschlugen, Mut gemacht. Man konnte noch einmal von vorn anfangen. Und das geschah dann auch. In den ersten zwei Jahrzehnten des 21. Jahrhunderts wird nun genau das brüchig, was wir lange als Erfolg gefeiert haben. Die Politik könnte das ignorieren, weil wir uns alle dagegen sträuben, als Gefahr zu werten, was wir für nötig und nützlich gehalten haben. Daher wird die deutsche Politik wahrscheinlich nie das tun, was die Wissenschaft für nötig hält. Aber wir haben guten Grund, bitter ernst zu nehmen, was uns die Klimaforscher sagen.

Es wirkt wie himmlische Ironie, wenn die Naturkatastrophen sich am brutalsten dort austoben, wo noch ein Präsident und seine Mehrheitspartei den menschengemachten Klimawandel leugnen. Die Versuchung, dies zu tun, wird bleiben. Denn wer nicht einfach leugnet, was die Wissenschaft erarbeitet hat, muss gründlich umdenken.

Der Wissenschaftler, dem man auch politische Erfahrung nicht absprechen kann, ist Meinhard Miegel. Er gehörte zum Team von Kurt Biedenkopf, das – lange vor der Ära Merkel – die CDU modernisieren wollte. Miegel weiß, wie Politiker ticken. Anfang September 2017 verschickte er eine Mail. Sie trägt die Überschrift: »Marionetten«. Es dauert einige Zeit, bis der Leser merkt, wer mit den Marionetten gemeint ist:

Nach den Berechnungen des Global Footprint Network übersteigt seit dem 2. August die Nachfrage der Menschen nach natürlichen Ressourcen die Kapazität der Erde, diese Ressourcen ohne Raubbau für den Rest des Jahres bereitzustellen. Dieser Raubbau schlägt sich nieder in einem ständigen globalen Temperaturanstieg, einer zügigen Schrumpfung der Waldflächen, einem dramatischen Rückgang der Artenvielfalt, Überfischung und anderem mehr. Die Erde signalisiert tausendfach: Ich bin erschöpft.

Anfang der 1970er Jahre lag dieser »Welterschöpfungstag« noch am Jahresende, das heißt, die Erde vermochte die Aktivitäten der Menschen gerade noch zu verkraften. Seitdem rückt das Datum immer weiter nach vorn. Um 2050 wird die Menschheit dann voraussichtlich das neue Jahr mit einer bereits erschöpften Erde beginnen, soll heißen, was diese zu bieten hat, wurde im vorangegangenen Jahr schon verbraucht. Anders gewendet: Um wie gewohnt zu leben und zu wirtschaften, benötigt die Menschheit dann zwei Erden.

Ganz gleichgültig ist ihr diese Entwicklung offenbar nicht. Immerhin wurde – wie in früheren Jahren – auch diesmal auf den »Welterschöpfungstag« hingewiesen. Aber wie! In den Hauptfernsehnachrichten hieß es dazu: »Ab heute sind die natürlichen Ressourcen für das laufende Jahr erschöpft. Und nun die Lottozahlen.« Was zunächst wie eine bitterböse Satire erscheint, entspricht dem Empfinden der überwältigenden Mehrheit und ist gelebte Wirklichkeit.«

Wenn ein Meinhard Miegel, der das politische Geschäft einigermaßen kennt, von »Marionetten« spricht, dann mag man ahnen, wie tief der Graben zwischen Wissenschaft und Politik schon geworden ist. Vielleicht vergisst Miegel inzwischen, dass Politik die Menschen ermutigen muss. Wie sollte man in einer Gesellschaft Politik machen, wenn die Mehrheit überzeugt ist, dass die Zukunft nur Unheil bereit hält? Und wenn dann noch von allen Zweifeln unbeleckte Populisten den Ausweg weisen ...

Kein Politiker geht gerne in eine Stadt, die zwei Jahrhunderte von der Kohle gelebt hat und erklärt dem Gemeinderat, dass dies nun ein Ende haben müsse. Jede Bürgermeisterin wird Widerstand ankündigen, Bedingungen und Forderungen formulieren. Und irgendwann – viel später, als die Wissenschaftler fordern – wird man sich auf etwas verständigen, das von Tausenden Opfer verlangt, aber niemanden ins Bodenlose fallen lässt.

Es ist kein Zufall, dass Populisten daher einfach leugnen: Es gibt keine menschengemachte Erderwärmung. Sie verzichten auf Seriosität und hoffen, dafür mit den – verständlichen – Emotionen von betroffenen Menschen Politik machen zu können.

V. Der oberste, mächtigste und dreisteste der Leugner, der es zum Präsidenten der Vereinigten Staaten gebracht hat und nun die Macht der Vereinigten Staaten, auch die Militärmacht, nutzen will, um der übrigen Welt, notfalls auch Verbündeten, vorteilhafte Deals abzutrotzen, wird die Populisten ermutigen, die Wissenschaft erzürnen und zu verächtlichem Spott verleiten. Vor allem aber wird er das, was nun der Politik aufgetragen ist, zusätzlich erschweren. Dabei wird er die Lehre, dass die Märkte immer klüger sind als die Politik, aktivieren und wohl auch radikalisieren. Er wird, wie das kleine Irland schon lange, die Unternehmenssteuern radikal senken, um die Industrie aus aller Herren Länder in die Vereinigten Staaten zu locken – wahrscheinlich mit mäßigem Erfolg. Vor allem wird er die Diskussion, die wir jetzt brauchen, verzögern und verwirren, aber nicht verhindern.

Verhindern wird er auf Dauer auch nicht die Einsicht, dass der Politik im 21. Jahrhundert – zu all dem, womit sie sich seit Jahrhunderten herumschlägt – eine Aufgabe zuwächst, nämlich die Erhaltung unserer Erde als Lebensraum für Menschen.

Kein Churchill, kein de Gaulle, kein Adenauer, auch kein Helmut Schmidt hat je darüber nachgedacht, wie man unseren Planeten bewohnbar erhält. Trotzdem hatten sie alle mehr als genug zu bedenken und zu entscheiden. Politik im 21. Jahrhundert hat eine ganze Dimension zusätzlich bekommen.

Sicher, das Fortschrittspathos des 19. Jahrhunderts ist schon lange nicht mehr die Grundstimmung der europäischen Gesellschaft. Die Mütter und Väter unserer jungen Leute erwarten nicht mehr ganz selbstverständlich, dass es ihre Kinder besser haben werden als sie selbst. Sie kennen die vielen Praktika und befristeten Arbeitsverhältnisse, die ihre Kinder hinter sich bringen müssen, bis sie eine Familie gründen können. Aber dass man von München morgens geschwind nach Hamburg fliegen kann und abends zurück, halten wir alle für selbstverständlich. Ist es das wirklich?

Sicher: Die Politik wird auch künftig Verbesserungen, wenn man so will auch Fortschritte, anzubieten haben. Dass Kita und Kindergarten Gebühren verlangen, die Universität aber nicht, leuchtet nicht ein. Dass man mit einem Einkommen von sechs Millionen im Jahr denselben Steuersatz bezahlt wie mit 60 000 Euro, muss nicht so bleiben. Aber wenn die Miegels Recht haben, dann wird Politik mindestens ebenso damit beschäftigt sein, Rückschritte zu vermeiden. Die Erde bewohnbar zu halten, ist eine Last für die Politik, eine Bürde, die abzuschütteln immer eine Versuchung bleiben wird, die aber niemand abschütteln kann. Die Politik aber bekommt eine zusätzliche Dimension. Und sie wird dadurch noch schwieriger – und noch wichtiger, politisches Versagen noch teurer.

[KAPITEL 5]

Der Nicht-Tod des Neoliberalismus

I. WER DAS LETZTE JAHR DES ZWEITEN WELTKRIEGS noch als Soldat der Großdeutschen Wehrmacht überlebt hat, hätte sich nicht träumen lassen, dass er noch ein Deutschland erlebt, wieder aufgebaut, wirtschaftlich erfolgreich, international angesehen, in Europa unentbehrlich. Ein Deutschland, in welchem es sich leben lässt, gerade weil es nicht nur an sich selbst denkt. Es ist, nehmt alles nur in Allem, vieles besser gelaufen, als wir damals zu hoffen wagten. Statt dem dritten Weltkrieg kam die deutsche Einheit ohne einen Tropfen Blut. Grund genug, nicht ohne Hoffnung in die Zukunft zu blicken. Aber eben dies wird immer schwieriger.

Die Aufgaben der Politik nehmen rasant zu und ausgerechnet im weitaus mächtigsten Staat der Erde wird ein politisch gänzlich unerfahrener, dafür größenwahnsinniger Narziss, inzwischen schon 71 Jahre alt, zum Präsidenten gewählt. Genau da, wo das Bewusstsein der Verantwortung für alle Menschen am wachsten sein müsste, sitzt nun ein Mensch, der so um sich selbst kreist, dass er die Aufgaben, die auf ihn zukommen, gar nicht wahrnimmt, der allen Ernstes Amerika groß machen will, indem er die wirtschaftlichen Konkurrenten kleinkriegt.

»So ist die Politik«, können Zyniker sagen. Aber wenn so »die Politik« wäre, gäbe es keine Hoffnung mehr. Zwei Donald Trumps, einer in Washington, einer in Peking oder Moskau, wären schon zu viel für den Globus. Einer in Nordkorea führt schon an den Rand eines Atomkrieges.

Die Politologin Wendy Brown hat das Phänomen Trump in die Geschichte des Neoliberalismus einbezogen, jener Lehre, die in der Praxis zum Marktradikalismus geführt und Typen wie Trump begünstigt hat. Der Marktradikalismus hat Ellbogenmenschen ermutigt, ja gerechtfertigt. Warum sollte nicht einer wie Trump dem noch eine gute Portion Nationalismus hinzufügen? Dann bleibt für die Menschen, die noch zwischen Gut und Böse unterscheiden, nur noch höhnische Verachtung. Besonders für alle, die Politik nicht jenseits jeder Ethik ansiedeln. Und das sind ziemlich viele.

II. Der Neoliberalismus, der sich im letzten Viertel des 20. Jahrhunderts über die Welt ausbreitete, sich im ersten Jahrzehnt des 21. Jahrhunderts selbst widerlegte und sich seither nicht mehr als erlösende Verheißung, sondern als unausweichlicher Sachzwang ausgibt, hat für die Politik nur noch die Rolle des Störenfrieds. Während der Markt, ließe man ihn nur gewähren, uns in ein Reich immerwährenden Wachstums und überschäumenden Wohlstands führen könnte, stehen ihm überall umtriebige Gesellen im Wege, die sich Politiker nennen und, weil sie nichts Gescheiteres zu tun haben, Gesetze machen und Etats aufstellen, die das heilsame Marktgeschehen behindern und manchmal verhindern. Sie erfinden, verhängen und erhöhen Steuern, entziehen also dem Markt seinen Lebenssaft und behaupten auch noch, man brauche das Geld nicht nur für Straßen und Schulen, sondern auch für die Leute, die aus irgendwelchen Gründen nicht imstande sind, am Markt genügend Geld zu verdienen.

War während des Kalten Krieges in Osteuropa der Marxismus-Leninismus so etwas wie eine Ersatzreligion, eine Ideologie, die an den Universitäten als Wissenschaft gelehrt und von einer Einheitspartei mit staatlichen Mitteln vor Ketzereien geschützt wurde, so waren um die Jahrtausendwende in Westeuropa die allermeisten Lehrstühle der Ökonomie besetzt mit Professoren und Professorinnen, für die wissenschaftliche Erkenntnis war, was einige schon damals für Ideologie hielten. Dabei hatte die Implosion des kommunistischen Systems verstärkende Wirkung: Wenn die Kommunisten gescheitert waren bei dem Versuch, den Markt durch Staat, Bürokratie und Politik zu ersetzen, war es dann nicht an der Zeit,

Staat, Bürokratie und Politik, so gut es ging, durch den Markt zu ersetzen?

Das wurde dann auch versucht unter den Stichworten Liberalisierung, Privatisierung und Deregulierung, und zwar mit dem Argument, Märkte regulierten sich selbst, wenn man sie nicht störe, sie bedürften keiner staatlichen Regulierung. Als dann die deregulierten Finanzmärkte in die Bankenkrise führten, mussten die Staaten mit Milliardenbeträgen einspringen. Banker, die vorher jeden staatlichen Eingriff verurteilt hatten, gaben sich nun gegenseitig keinen Kredit mehr, es sei denn, der – ach so unnötige und lästige – Staat garantierte die Rückzahlung. Jeder hatte Milliarden in hoch verzinslichen, aber faulen Papieren angelegt, die er selbst nicht mehr durchschaute. Vielleicht hatte der Kollege noch mehr davon im Keller? Also bekam er nicht mehr, was sonst selbstverständlich und üblich war: kurzfristigen Kredit. Schlimmer hat sich eine ökonomische Theorie selten blamiert.

Und doch hat Colin Crouch Recht, wenn er seinem Bestseller den Titel »The Strange Non-Death of Neoliberalism« gab. In etwas ungewöhnlichem Deutsch: »Der befremdliche Nicht-Tod des Neoliberalismus«. Warum hat er seine Blamage überlebt? Die Staaten, die zuerst ihre Banken zu retten und dann die vom Bankenkrach ausgelöste Rezession zu bekämpfen hatten, mussten so viele neue Schulden aufnehmen, dass die Anleger nicht mehr sicher waren, ob sie denn all diese Schulden ordnungsgemäß bedienen und irgendwann sogar zurückzahlen könnten. So wurde aus der Bankenkrise die Staatsschuldenkrise. Nicht die Finanzmärkte hatten versagt, sondern die Staaten, weil sie – etwa seit der ersten Ölpreiskrise 1973 – mehr Schulden als verantwortbar aufgenommen hatten und nun, nach dem unerwarteten Schuldenschub – zumindest einige von ihnen – keine soliden, vertrauenswürdigen Schuldner mehr waren. Wie aber bekämpft man eine Staatsschuldenkrise? Indem die Staaten ihre Budgets zusammenstreichen, ihr Tafelsilber verscherbeln, Gehälter und Renten kürzen. So kam, was sich als Glücksverheißung lächerlich gemacht hatte, als Sachzwang wieder: der gertenschlanke, nun eher schwindsüchtige Staat, der seine Infrastruktur vernachlässigte, seine Daseinsvorsorge privatisierte und seine soziale Sicherung abbaute.

III. Was uns hier interessiert, ist die Auswirkung dieses seltsamen Überlebens auf das Ansehen der Politik. Als 2008 nicht die Banken ihre Staaten, sondern umgekehrt die Staaten ihre Banken retten mussten, als die Rettung der Banken und damit der Wirtschaft offenkundig eine politische Aufgabe war, die von Politikern zu leisten war und auch geleistet wurde, durfte man hoffen, dass einige der Binsenweisheiten des Marktradikalismus nun nicht mehr wiederholt würden, etwa die, die Märkte seien eben immer klüger als die Politik. Aber nun standen ja nicht mehr die Banker im Zentrum des Interesses, die nicht mehr gewusst hatten, was sie für Milliarden an Papieren gekauft und nun in ihren Tresoren hatten. Nein, jetzt redete man über die Regierungen, denen die Finanzmärkte ihre Staatspapiere nur zu hohen und immer höheren Zinsen abnahmen, bis sie unter die Schutzschirme krochen, welche die Europäische Union ihnen anbot. Dass da Spekulanten am Werk waren, wurde zwar nicht bestritten, aber sie hatten keine Adresse, wie die Finanzmärkte auch keine persönlich Verantwortlichen haben. Regierungschefs und Finanzminister aber haben Namen und Adresse. Man kann sie auswechseln, und man tat es auch, wenn sie nicht parierten, demokratische Legitimation hin oder her.

Kurz: Die Herrschaft der Finanzmärkte über die Politik wurde durch die Bankenkrise nicht milder, erträglicher, sondern robuster, rücksichtsloser, für die Staaten teurer. Es stimmte nicht, was die Marktradikalen immer behauptet hatten – und nach wie vor behaupten –, dass jeder sein eigenes Versagen eben büßen muss. Die Finanzmärkte sind durch ihr Versagen zumindest gegenüber der Politik mächtiger, stärker geworden. Sie tun nichts, um die Staatsschuldenkrise zu entschärfen und niemand ist verantwortlich. Es gibt dort keine Telefonnummer, die man anrufen könnte. Telefonnummern haben nur Politiker.

Gehört der Präsident der Europäischen Zentralbank Mario Draghi zu den Bankern oder zu den Politikern? Er ist gelernter Banker, der sich in einer politischen Verantwortung sieht. Man spricht von seiner »Politik« des billigen Geldes, und tatsächlich hat er den Politikern, auch denen, die ihm widersprechen, das Leben erleichtert – und manchen seiner Mitbürgerinnen und Mitbürgern die Alterssicherung erschwert. Hier ist nicht der Ort, das Pro und Kontra seines Tuns abzuhandeln. Wichtig ist nur, dass dieser freundliche Italiener, durch europäische Politiker in sein Amt berufen, ein politischer Mensch ist, der sich in einer politischen Verantwortung sieht. Er hat eine Telefonnummer. Er erträgt und beantwortet Kritik. Er macht Politik und er weiß, dass er dies tut. Er sorgt dafür, dass die Politik der Finanzminister nicht allzu oft zum Sanitätswagen der Finanzmärkte wird. Das ist wirksame Politik. Ein endgültiges Urteil über ihn werden vielleicht die Historiker in 30 Jahren fällen können.

Wann der Sanitätswagen gebraucht wird, weiß niemand, daher muss der Sanitäter immer bereit sein. Politische Planung oder gar Gestaltung ist dann kaum mehr möglich. Was Politik noch leisten kann von dem, was sie sich vorgenommen hat, hängt davon ab, wie oft der Sanitätswagen gerufen wird. Demokratie wird dadurch noch schwieriger, weil die Bürgerin und der Bürger sich noch weniger auf das verlassen können, was die Politiker ihnen sagen.

Auch das ist wieder ein Sieg der Ideologie, über deren Nicht-Tod nicht nur Colin Crouch sich wundert. Wenn der Markt, der doch immer klüger sein soll als die Politik, auch einmal Dummheiten macht, so lässt sich das alte Verhältnis dadurch wiederherstellen, dass man die Politik noch dümmer aussehen lässt.

IV. Was aber geschieht, wenn eine ausgewachsene Ideologie, die, wie jede Ideologie, Interessen dient, in diesem Fall streng kapitalistischen, ihre eigene Widerlegung überlebt? Wenn eine Ideologie, die jeden Versuch durch Politik die Chancen von Menschen, zumal derjenigen, für die der Markt wenig oder nichts übrig hatte, auf ein einigermaßen menschenwürdiges Leben zu erhöhen, als Verstoß gegen die letztlich gerechten Gesetze des Marktes, als naiv, falsch, kontraproduktiv ablehnt? In der marktradikalen Theorie hat der Begriff »soziale Gerechtigkeit« keinen Platz. Er lässt sich ja auch nicht sauber definieren. Dafür kann man trefflich streiten darüber, wo diese Gerechtigkeit anfängt, wo sie aufhört. Definieren lässt sich aber sehr wohl und sehr genau die Marktgerechtigkeit. Es ist das, was die Märkte bewirken, als Ergebnis vorweisen. Wenn der Arbeitsmarkt für eine anstrengende, aber einfache Tätigkeit nur 4,76 Euro die Stunde hergibt, für eine Führungsposition im Schnitt 1 000 Euro für jede Stunde des Tages, dann ist dies eben marktgerecht. Daran gibt es nichts zu korrigieren, auch nicht durch Steuern. Wenn jemand sich keine Krankenversicherung leisten kann, dann muss er eben sehen, wo er bleibt, wenn er krank wird. Staat und Politik geht das nichts an.

Wo diese Ideologie längere Zeit herrscht, spaltet sich die Gesellschaft, auch die Gewalt privatisiert sich, Schutz vor krimineller Gewalt wird, wie alles andere, zu einer Ware, die sich einige leisten können und viele nicht. Von da aus ist nur ein kleiner Schritt zum Ende des staatlichen Gewaltmonopols, der staatlichen Ordnung und damit auch einer Rechtsordnung, ohne die auch Märkte nicht funktionieren. Wo das staatliche Gewaltmonopol der privatisierten Gewalt weichen muss, in »failing« oder gar »failed states«, hat auch Politik keine Chance mehr. Daher kämpft die Politik gegen diese Ideologie um ihr eigenes Überleben. Wo aber die Politik abstirbt, siegt nicht der Markt, sondern das Chaos, in dem allenfalls schwarze Märkte gedeihen.

Das Land, in welchem der Marktradikalismus bis heute kaum angefochten ist, sind – aus nachvollziehbaren historischen Gründen – die Vereinigten Staaten. Den äußersten Flügel dieser Lehre bilden Professoren der University of Virginia. Dort haben schon 1962 zwei Professoren (Buchanan und Tullock) die Theorie entwickelt, dass der politische Betrieb nahezu ausnahmslos das Ergebnis, ja das Nebenprodukt des Ämterstrebens von Politikern und Beamten ist. Und diese haben nichts anderes im Sinn, als die Bürger immer mehr staatlicher, also ihrer Bevormundung zu unterwerfen.

Politik ist also eine – eigentlich überflüssige – Tätigkeit für Leute, denen es Spaß macht, anderen vorzuschreiben, was sie zu tun haben. Aber soll, kann man die wählen? Vielleicht nicht. Vielleicht aber doch. Wenn man das »Establishment« davonjagt und jemanden wählt, der Amerika – oder auch Frankreich, Deutschland – wieder groß macht?

[KAPITEL 6]
Medien in der Erfolgsgesellschaft

I. Medien, mit denen Geld verdient werden soll, werden immer widerspiegeln, was in einer Gesellschaft gedacht, gefühlt, geredet, gehofft und gefürchtet wird. Wie unterschiedlich dies je nach Bildungsschicht, Generation oder Berufsgruppe sein kann, zeigt die wachsende Zahl der Hörfunkprogramme öffentlich-rechtlicher Hörfunksender. Vergleicht man diese Programme, ihre Themenwahl, ihre Musik, Ton und Stil ihrer Ansagen, so könnte man zu dem Ergebnis kommen, wir lebten längst, auch ohne Einwanderer, in einer multikulturellen Gesellschaft. Um möglichst alle potentiellen Hörer zu erreichen, bedienen diese Sender, möglichst »passgenau« alle wichtigen Interessen, Bildungsschichten und Altersgruppen.

In der Presse fällt natürlich der Abstand auf zwischen dem Boulevard auf der einen, international angesehenen Blättern wie der Süddeutschen Zeitung oder der Frankfurter Allgemeinen, Le Monde und El Pais auf der anderen. Was dazwischen liegt, die vielen regionalen oder lokalen Tageszeitungen, die über Bundespolitik, Landespolitik, vor allem aber über die Kommunalpolitik ihres Verbreitungsraumes berichten, so ändert sich zwischen Oberschwaben und Schwerin zwar immer wieder die politische Farbtönung, aber kaum Stil und Funktion dieser Blätter, es sei denn, der Abstand zum Boulevard würde kürzer. Zu alledem kommt inzwischen das Internet mit seinen kaum mehr überschaubaren Möglichkeiten.

Ist es sinnvoll bei solcher Vielfalt, nach dem Verhältnis d e r Medien zur Politik zu fragen? Gibt es Verhaltensweisen von Medien zur Politik, die sich nachweisen lassen, wenn auch in unterschiedlicher Intensität, vom privaten Fernsehen über die Hörfunkprogramme bis zur seriösen Presse? Ursprünglich schien es mir, als müsste ich diese Frage mit Nein beantworten. Dann stieß ich auf ein Ergebnis der Medienwissenschaft, das tatsächlich in allen Medien, natürlich in sehr unterschiedlicher Stärke, festzustellen ist.

Diese gemeinsame Tendenz, auch ihr Name, stammt aus den USA, betrifft die Darstellung von Politik als sportliches Spiel und heißt daher auch bei deutschen Wissenschaftlern »Game-Zentrierung«. Nach Thomas Patterson, einem der Begründer der Theorie, ist es die Neigung der Medien, zumal der kommerziellen, weniger eindeutig der öffentlich-rechtlichen, »to report politics not as an issue, but as a game, in which individual politicians vie for power«. Politik ist dann nicht mehr der Streit um »issues«, also um politische Sachfragen und Sachentscheidungen, die den Bürger betreffen und daher interessieren, sondern ein Machtkampf zwischen ehrgeizigen Politikern, der für die zuschauenden Bürgerinnen und Bürger zwar den Unterhaltungswert eines Baseball-Spiels hat, ihn aber sonst wenig angeht. Das Spielfeld ist streng getrennt von den Zuschauern, die ihren Eintritt bezahlt haben. Was sie erwarten ist Fun, Spaß. Wie bei jedem Spiel kommt es darauf an, wer gewinnt. Immer gibt es Gewinner und Verlierer, winner und loser. Deutsche Medienwissenschaftler haben diese Game-Zentrierung so interpretiert: Sie sei die »Abkehr von sachpolitisch relevanter Information [...]. Elemente der sportiven Dramaturgie, des Wettkampfs, der strategischen Kommentierung von politischer Taktik und Kalkül sowie Gewinn- und Verlustchancen politischer Parteien stehen im Vordergrund der Politikvermittlung«.

Bei einem Fußballspiel weiß auch der jüngste Zuschauer schon, worum es geht: Tore zu schießen. Darüber muss niemand mehr belehrt werden. Es geht nur darum, wer die Tore schießt. In der Politik geht es jeden Tag um ein anderes Thema. Das ist ziemlich anstrengend. Wird dies unerheblich, interessiert nur noch, wer gewinnt und wer verliert. Was bleibt dann von der Politik?

II. Zu dieser Game-Zentrierung, also dem Wettkampf, in dem Spieler Punkte machen und einbüßen, passt die Demoskopie, die haargenau das Auf und Ab der Popularität von Personen oder Parteien registriert. Da es inzwischen viele Institute gibt, die in regelmäßigen Abständen ihre Ergebnisse präsentieren, finden sich in den Zeitungen alle paar Tage die neuesten Umfragen, inzwischen bis zum Wahltag. Für die Zuschauer des politischen Spiels haben diese Umfragen etwa den Stellenwert, den die Tabelle der Bundesliga für Fußballfans hat. Ein Verein, der um die Meisterschaft kämpft, ist eben besser als einer, der sich gegen den Abstieg wehrt. Wer in Umfragen vorne liegt, ist eben besser als einer, der sich zu den Verlierern rechnen muss. Und wer sich sehr lange vorne halten kann, ist von dort kaum mehr zu verdrängen. Die vorn liegende Partei ist eben das Bayern München der Bundespolitik. Dagegen kommt niemand an. Winner haben die Tendenz, Winner zu bleiben, und dasselbe gilt, sogar noch stärker, für die Loser. Im Fußball sucht man nach einem neuen Trainer. In der Politik – manchmal, nicht immer – einen neuen Parteichef.

Natürlich ist mit der Game-Zentrierung die Personalisierung der Politik verbunden. Die hat, für sich genommen, eine lange Geschichte. In den Fünfzigerjahren ging es in der Bundesrepublik vor allem um die Person Konrad Adenauers. Man war für oder gegen ihn. In den Siebzigerjahren war man für oder gegen Willy Brandt. Der Unterschied zu heute springt allerdings ins Auge: Beide, Adenauer und Brandt standen für eine bestimmte, klar umrissene Politik, die bei beiden übrigens zu Beginn ziemlich unpopulär war und die beide dann doch durchsetzten. Sie verkörperten jeweils einen politischen Weg, den die einen gehen wollten, die anderen nicht, und sie gewannen für ihren Weg schließlich die Mehrheit der Wähler. Wer für Adenauer oder für Brandt eintrat, hatte ziemlich klare Vorstellungen von Politik. Was hält ein Fan der Angela Merkel für politisch richtig, was für falsch?

Wo Politik als Sport verstanden wird, als Spiel, in dem es eben Gewinner und Verlierer geben muss, ist Personalisierung nicht mehr verbunden mit dem Bekenntnis zu einem politischen Programm, einen politischen Weg. Sie kann sogar bedeuten: »Ich weiß zwar nicht so genau, was die Kanzlerin will. Aber ich glaube, sie macht ihre Sache gut. Sie ist nicht eitel, spielt sich nicht auf. Ich bin gespannt, was sie in den nächsten vier Jahren tun wird.«

III. Bleibt man in der Sprache, in der die Spieltheorie zuerst formuliert wurde, dann bezieht sie sich nur noch auf das, was Engländer »politics« nennen, also den alltäglichen Politikbetrieb mit all seinen Kniffen und Schaukämpfen. Was die Briten »policy« nennen, kommt nicht mehr vor: das längerfristige politische Konzept, die Richtung, in der ein Politiker oder eine Partei gehen wollen. Dabei gilt heute wie früher: Policy, das, was zählt, ist leider nicht zu haben ohne die alltägliche glanzlose Schinderei der politics. Aber politics ohne policy, das ist jenes Spiel, manchmal amüsant anzusehen, manchmal auch widerlich, das bestimmte Leute aufführen, aus welchen Gründen auch immer, vielleicht nur, weil sie machtsüchtig sind.

In der politischen Praxis bedeutet dies, dass eine Partei, die in Umfragen schlecht dasteht, gar nicht mehr nach ihrem Programm gefragt wird. Ihre Repräsentanten bekommen immer nur dieselbe stupide Frage gestellt: »Wie wollen Sie aus ihrem Umfragekeller herauskommen?« Dabei impliziert diese Frage, dass der Politiker seine Tätigkeit genauso auffasst, wie die Game-Theorie dies unterstellt: Dass er – außer dem Sieg im Machtspiel – gar nichts will, dass die Sache, das, was für die Bürgerinnen und Bürger wichtig sein könnte,, ihn gar nicht interessiert, dass er wirklich in die Politik gegangen ist, nur um am Machtspiel teilzunehmen. Wer auf die Frage, wie er zu besseren Umfragen kommen wollte, antwortet, degradiert sich damit selbst. Deshalb gibt es auf die in jedem Wahlkampf tausendfach gestellte Frage keine richtige, verantwortbare Antwort, zumindest keine höfliche.

Im Wahlkampf ersetzen die Umfragen oft die Sachdiskussion. Nicht wer auf dem richtigen, wer auf dem falschen Weg ist, wessen

Programm schlüssiger ist, am ehesten den politischen Notwendigkeiten gerecht wird, beschäftigt die Medien, sondern die Frage, ob der Winner in den Umfragen auch der Winner bei der Wahl sein wird.

Übrigens entsteht bei alledem für den Loser eine – wohl gar nicht beabsichtigte – Spirale nach unten: Mindestens jede Woche müssen die Umfragen kommentiert werden. Sind sie für eine Person oder eine Partei schlecht, so muss der Kommentator dies begründen. Das kann er nur, wenn er das Negative, was da zu sagen wäre, wiederholt und anreichert. Mit dem Ergebnis, dass die nächsten Umfragen noch schlechter sind – und der anschließende Kommentar auch. Und so fort.

Ist ein Politiker definitiv auf der Loserstraße angekommen, so machen viele Journalisten keinen Hehl aus ihrer Verachtung. Es entstehen Interviews, bei denen der von keinem Vorurteil belastete Zuschauer sich fragt, wie lange der oder die Angeschnauzte sich dies noch gefallen lassen muss. Insgesamt hat die Game-Zentrierung das Ansehen der Politik und ihrer Akteure gemindert. Wo Politiker Ansehen erworben haben, voll respektiert wurden, war es fast immer der Respekt vor einer erkennbaren policy, einem politischen Konzept, das sie hartnäckig, von einem kleinen Schritt zum nächsten und schließlich mit Erfolg realisierten. Wo policy gar nicht mehr vorkommt, bleibt nur der Ringkämpfer um seine Position, die er – auch noch irrtümlich – für Macht hält. Dass ein Mensch so sein Geld verdient, ist zwar nicht anrüchig, aber auch kein Anlass, ihm mit Respekt zu begegnen.

IV. Die Reduzierung der Politik auf ein Spiel wie Fußball oder Eishockey passt übrigens zum Zustand unserer – und mancher anderen – Gesellschaft. Was die marktradikale Welle übriggelassen hat, ist eine reine Erfolgsgesellschaft, die sich allerdings als Leistungsgesellschaft ausgibt. Die Gleichsetzung von Leistung und – meist finanziellem – Erfolg gehört zum Erbe des Marktradikalismus. Dabei wird einfach überspielt, dass es finanziellen Erfolg mit und ohne Leistung gibt, ebenso Leistung mit und ohne finanziellen Erfolg. Ein Börsenspekulant kann Millionen verdienen und dabei andere schädigen, eine alleinerziehende Mutter von drei Kindern kann als Putzfrau und Mutter einen 16-Stundentag hinter sich bringen und bettelarm bleiben. Finanzieller Erfolg lässt sich allerdings leichter messen als Leistung. Im Übrigen ist er meist ein Produkt, das sich mit dem Prädikat »Marktgerechtigkeit« schmücken lässt.

Nirgendwo sind sich Erfolg und Leistung so nahe wie im sportlichen Spiel. Wenn nicht ausgemachtes Pech dazwischen kommt oder eine falsche Schiedsrichterentscheidung, dann ist die erfolgreiche Mannschaft auch die bessere.

Über die Frage, was denn politischer Erfolg sei, ließe sich trefflich streiten. Man müsste dann zugeben, dass sich, was Erfolg und Misserfolg ist, oft erst Jahrzehnte danach herausstellt. Dass die Ostpolitik Brandts den Völkern Osteuropas die Furcht vor deutschen Militärstiefeln genommen hat, dass diese Völker dadurch die sowjetischen Besatzungstruppen nicht mehr als Schutzmacht, sondern als reine Besatzungsmacht verstanden – und verfluchten –, hatte zur Folge, dass diese Völker, zuerst die Polen, sie unbedingt loswerden wollten. So kam es zum Jahr der Befreiung 1989, zwei Jahrzehnte, nachdem Brandt seine Politik gewagt hatte.

Für eine Erfolgsgesellschaft ist eine solche Überlegung viel zu kompliziert. Es gilt, was sich in Zahlen niederschlägt. Und das sind Erfolge – und Misserfolge bei Wahlen. Wahlen werden von einem Stimmungsbarometer, das für vier oder fünf Jahre die demokratisch legitimierte Macht verteilt, mit der dann Erfolge erreichbar werden, zum entscheidenden Erfolgskriterium, für manche fast zum Zweck demokratischer Politik. Dass jemand Wahlen gewinnen und dann gar nicht so richtig wissen könnte, was mit dem Wahlerfolg anzufangen sei, ist wohl eine Erfahrung, über die wir erst nachdenken müssen.

Wenn eine Fußballmannschaft Pokalsieger geworden ist, dann ist der Pokal ein sorgsam gehütetes Zeichen ihres Erfolgs. Was danach kommt, sind neue Wettbewerbe und vielleicht neue Trophäen. Nach dem Spiel ist vor dem Spiel, aber eben: vor genau demselben Wettbewerb zwischen Mannschaften. Darüber hinaus gibt es nichts, was sich als Aufgabe ergäbe oder abzuwarten wäre.

Auch so verkürzt die Game-Zentrierung das, was Politik ausmacht. Sie überspielt die Einsicht, dass politischer Erfolg mehr ist als gewonnene Wahlen. Für die Gametheorie ist das, was nach der Wahl kommt, die politische Arbeit, nur interessant im Blick auf die nächste Wahl. Und genau das wird dann auch den Politikern unterstellt. Aber das ist noch nicht einmal die halbe Wahrheit.

Wenn im 21. Jahrhundert zu allen politischen Aufgaben noch die Sorge hinzukommt, wir könnten unseren Planeten überfordern – und er könnte sich rächen –, wenn also eine ganz neue Dimension von Aufgaben auf die Politik zukommt, was tun dann die Medien, die uns mit Nachrichten und Bildern versorgen? Ob sie wollen oder nicht, sie filtern das, was wir erfahren, zum Glück nicht alle auf dieselbe Weise. Und sie berichten, was verkäuflich ist. Sicher wollen die Leser der SüddeutschenZeitung anderes erfahren als die der Bildzeitung. Aber die Leser seitenlanger, wissenschaftlicher Analysen sind nicht so dick gesät, dass eine Tageszeitung davon leben könnte. Immerhin gebietet es die Fairness, anzumerken, dass es in Deutschland auch exzellente Zeitungen gibt, welche die Gefahr der Game-Zentrierung kennen und versuchen, dagegen anzugehen. Das wird nur sehr teilweise gelingen, solange die Demoskopen das Feld der politischen Berichterstattung beherrschen.

Wer alt genug ist, um sich an die Zeitungen zu erinnern, die ohne Demoskopie auskommen mussten, wird sich allerdings nie damit abfinden, wie inzwischen die Demoskopen die politische Diskussion beherrschen. Die Demoskopie passt eben genau in unsere Erfolgsgesellschaft und die lebt davon, dass sie mit einer Leistungsgesellschaft verwechselt wird.

[KAPITEL 7]

Was die Politik selbst zu ihrer Abwertung beiträgt

I. Natürlich schadet es dem Ansehen der Politik, wenn demokratische Politiker einander beschimpfen, noch mehr, wenn sie einander – und oft zu Unrecht – verdächtigen. Wer anderen Demokraten gegenüber nicht nur das bessere Argument, sondern so etwas wie moralische Überlegenheit für sich in Anspruch nehmen will, stört den demokratischen Diskurs. Nur peinlich sind die allzu raschen Rücktrittsforderungen an Ministerinnen und Minister, ein Betätigungsfeld für Abgeordnete, die auch einmal in der Zeitung stehen wollen. Besonders gefährlich wird es, wenn Politiker einander der Lüge zeihen, denn damit bestätigen sie ein schlimmes Vorurteil: dass nämlich in der Politik mehr als anderswo gelogen werde.

Dabei ist das Verhältnis der Politik zur Wahrheit höchst kompliziert. Zuerst muss der Politiker, auch wenn er von Beruf Wissenschaftler ist, lernen, dass Politik für Wahrheit nicht zuständig ist. Was historische, religiöse oder gar naturwissenschaftliche Wahrheit ist, darum bemühen sich in einem dauernden Diskurs die zuständigen Wissenschaften. Mit Mehrheit beschließen kann man da nichts. Eine Bundeswehrreform ist eben nicht wahr oder unwahr, sondern richtig oder falsch. Politiker müssen in der Spannung leben, dass sie für Wahrheit nicht zuständig, trotzdem aber zur Wahrhaftigkeit verpflichtet sind. Das bedeutet für niemanden, auch nicht für Politiker, dass sie immer alles sagen müssen, was sie denken, wohl aber, dass sie nichts sagen, wovon sie schon vorher wissen, dass es nicht stimmt. Politiker dürfen einseitig argumentieren. Legt eine Regierung einen Gesetzentwurf vor, so werden die Abgeordneten der Regierungsparteien sich auf das konzentrieren, was für diesen Entwurf spricht, auch in dem sicheren Wissen, dass die der Opposition nachholen werden, was dagegen spricht. Das gehört zum demokratischen Spiel, verletzt nicht die Pflicht zur Wahrhaftigkeit. Behauptet jedoch ein Oppositionssprecher, an dem Entwurf hätten Lobbyisten aus irgendeiner Branche mitgewirkt, und das Gegenteil lässt sich beweisen, dann hat einer gelogen. Aber eben: die nachweisbare Lüge kommt in der Politik selten vor. Sie beendet Karrieren. Daraus ergibt sich auch, dass sich der – leider ziemlich häufige – Vorwurf an einen Gegner, er lüge oder habe gelogen, nur im äußersten Fall, also wenn er beweisbar ist, rechtfertigen lässt.

Ganz schlimm für das Ansehen der Politik ist es, wenn eine Partei etwas beschließt und die andere sofort unterstellt, sie wolle nur täuschen. Im Bundestagswahlkampf 2009 und 2013 haben Sozialdemokraten und Grüne von Anfang an klargestellt, sie wollten kein Bündnis mit der Linkspartei. Trotzdem kämpften Union und FDP mit einigem Pathos gegen Rot-Rot-Grün. Sie unterstellten einfach, dass die Parteien links der Mitte normalerweise lügen. Als die Wahlen vorbei waren und dieses Dreierbündnis zweimal sogar eine knappe Mehrheit gehabt hätte, aber gar nicht erst versucht wurde, nahmen alle Parteien als selbstverständlich an, dass hier niemand gelogen hatte. Es gab auch keine Entschuldigung dafür, dass man dem Konkurrenten unterstellt hatte, er wolle sich an die Macht lügen. Was sollen kritische Beobachter von politischen Parteien halten, wenn diese einfach davon ausgehen, dass die jeweils andere das Gegenteil von dem meint, was sie sagt? Was Politiker viel zu wenig bedenken, ist die Reaktion eines unbeteiligten Beobachters auf politischen Streit. Wenn ein Abgeordneter einen anderen der Lüge zeiht, ist die Reaktion meist: »Recht hat er, aber selbst ist er kein Haar besser.« Das mag stimmen oder nicht, es ist das, was hängen bleibt.

II. Dabei ist das schlimmste Laster der Politik, gar nicht die Lüge, sondern die Eitelkeit. Der Rat Bismarcks, den Wert eines Politikers zu bestimmen, indem man alle seine Gaben zusammenzählt und die Eitelkeit davon abzieht, gilt bis heute. Es gibt eine Eitelkeit, die jede Teamarbeit vereitelt. Der Eitle – und es gibt in der Politik auch heute noch weit mehr eitle Männer als eitle Frauen – kennt im Grund keine Loyalität, was zählt, ist der strahlende Auftritt des übermächtigen Ego. Auch die Sache, die ihn beschäftigt, ist nur Mittel zum Zweck, und der Zweck ist immer die Resonanz auf das strahlende Ego. Natürlich leidet unter der Eitelkeit von Politikern meist nicht die Öffentlichkeit – im Gegenteil, sie profitiert davon und manchmal amüsiert sie sich auch darüber –, sondern ein kleinerer Kreis, eine Regierung oder eine engere Parteiführung. Daher ist es auch in den Medien nicht üblich, darüber zu rätseln, wer die drei eitelsten Abgeordneten oder gar Minister sind. Da reichen drei Winner und drei Loser, wobei dann die Eitlen eher bei den Winnern als bei den Losern zu finden sind. Es ist auch nicht üblich, in diesem Zusammenhang Namen zu nennen. Eine Ausnahme hat einst Willy Brandt gemacht, als er auf dem Dortmunder Parteitag 1972 die Eskapaden seines abgetretenen Wirtschaftsministers Karl Schiller mit einem Satz abtat: »Das war ein Sieg der Eitelkeit über die Intelligenz.« Wobei er übrigens ausdrücklich die Intelligenz anerkannte, die meist mit Eitelkeit verbunden ist.

Leider hat sich in unseren Sprachgebrauch – dem der Medien, aber auch dem von Politikern, auch und gerade emeritierten – der Begriff »politische Klasse« eingebürgert. Eine Klasse ist nach Marx eine Gruppe von Menschen, welche durch dieselben materiellen Interessen verbunden sind. Sie ist nur denkbar, wenn es auch andere Klassen gibt. Menschen, die miteinander andere gegensätzliche Interessen vertreten. So gab es im 19. Jahrhundert für Marx – und wohl auch in Wirklichkeit – eine Klasse der Bourgeois, welche über die neu aufkommende Industrie verfügte und eine Arbeiterklasse, der vorläufig nichts anderes übrigblieb, als täglich zehn oder zwölf Stunden lang gegen geringen Lohn für diese Bourgeois-Klasse zu schuften.

So ist der Begriff der Klasse entstanden, so wurde er in der DDR bis zu deren Ende benutzt, so verwendet ihn bis heute die Soziologie.

Wo von der »politischen Klasse« die Rede ist, entsteht von selbst der Eindruck, Politiker aller Parteien, wenn sie einmal bedeutend genug sind, in die »politische Klasse« aufgenommen zu werden, haben im Grunde alle dieselben Interessen, sie stecken alle unter einer Decke und sorgen dafür, dass ihre, die politische Klasse oben, am Ruder, am Geldhahn bleibt und die unpolitische unten, gehorsam und fleißig.

Diese Vorstellung ist das genaue Gegenteil dessen, was mit einer repräsentativen Demokratie gemeint ist: dass die gewählten Vertreter, auch Interessenvertreter derer sind, die sie gewählt haben. Von der »politischen Klasse« zum »Establishment«, gegen das die großen und die kleinen Trumps ankämpfen, ist es nur ein kleiner Schritt.

Das Reden von der »politischen Klasse«, zumal wenn es von Politikern kommt, kann eine Vorstellung von Politik anregen, stützen, vielleicht sogar rechtfertigen, die sich mit parlamentarischer Demokratie nicht verträgt, ihre moralische Grundlage angreift.

III. Es stimmt allerdings nicht, dass in Deutschland die politischen und parlamentarischen Sitten in den letzten 20 oder 30 Jahren immer mehr verkommen wären. Sie waren schon schlechter als heute, etwa in den Fünfzigerjahren, als der SPD-Vorsitzende Kurt Schumacher den Bundeskanzler Konrad Adenauer »Bundeskanzler der Alliierten« nannte und dieser die Westdeutschen warnte, eine Regierung der Sozialdemokraten bedeute »den Untergang Deutschlands«. Und das nur wenige Jahre, nachdem Hitler die Deutschen in eine Katastrophe geführt hatte, die viele als Untergang erlebten. Sollte eine demokratische Partei schaffen, was einer totalitären noch nicht ganz gelungen war?

Damals, im ersten Jahrzehnt der Bundesrepublik, fanden kluge Beobachter, zumal wenn sie von einer Reise in die Vereinigten Staaten zurückkamen, dort sei die Kluft zwischen den beiden großen Parteien längst nicht so tief wie in Deutschland, Ideologien seien weniger wirksam und weniger trennend, und wenn das Interesse der Gesamtnation ins Spiel komme, arbeiteten alle zusammen. So etwa reden heute Amerikaner, wenn sie aus Deutschland zurückkommen. Nein, so etwas wie die Tea-Party gebe es in Deutschland nicht, man könne sich sogar über ein sehr detailliertes Programm einer Großen Koalition einigen. Das kann sich wieder ändern, wenn die AfD als drittstärkste Fraktion das Klima verändert.

Es stimmt also nicht ganz, wenn der Eindruck erweckt wird, die deutsche Nachkriegsdemokratie habe zwar fulminant begonnen, sei aber inzwischen in die Routine des taktischen Geplänkels abgerutscht. Und doch bleibt die Frage: Warum haben in den Fünfzigerjahren Millionen am krächzenden Radio die Bundestagsdebatten angehört, gespannt und aufgewühlt, während das, was der Phönix-Fernsehkanal heute technisch ungleich besser bieten kann, weit weniger Interessenten findet?

Waren es die führenden Köpfe und ihre Rhetorik? War es die glasklare, für jeden nachvollziehbare Analyse eines Fritz Erler oder der volkstümliche, von lateinischen Zitaten durchwirkte Appell an die Furcht vor den Bolschewiken – die ja schon in Erfurt standen! –, mit dem Franz Josef Strauß seine Hörer fesselte? Waren die Zuhörer am Radio ebenso gespannt wie die Abgeordneten in Bonn, wenn der Bundestagspräsident Herbert Wehner das Wort gab und alles still wurde, weil niemand wusste, was nun kommen würde? Und war es eben doch mehr als nur interessant, wie Konrad Adenauer zum Schluss alles wieder auf seine so aufreizend einfache Formel brachte, dass Leute wie Erler nur noch verzweifeln konnten?

IV. Oder fesselte damals die Sache, um die es ging? Sollten die Deutschen, nachdem die totale und dauernde Entmilitarisierung Deutschlands bis zur Jagdflinte als Ziel der Sieger verkündet worden war, kein Jahrzehnt nach der bedingungslosen Kapitulation wieder Soldaten aufstellen, erst im Westen gegen den Osten, dann wohl auch im Osten gegen den Westen? Sollten wir, die geschlagenen Soldaten der Großdeutschen Wehrmacht, demnächst auf unsere Kumpel aus Magdeburg oder Zwickau schießen?

Es war wohl beides: die grundsätzlichen, in ihren Folgen kaum absehbaren Entscheidungen und die Politiker, die da zu Wort kamen. Fast jeder hatte eine markante Biografie: Der eine hatte schon, wenn auch mit Zweifeln, im Außenministerium des Herrn von Ribbentrop mitgewirkt, der andere hatte sich ins Kloster zurückgezogen, nachdem die Nazis ihn als Oberbürgermeister von Köln weggejagt hatten, der dritte hatte Zuchthaus und KZ knapp überlebt, der vierte wusste sogar, wie man sich im Hotel Lux in Moskau fühlte, als Stalin per Federstrich entschied, wer von seinen Gefolgsleuten am Leben bleiben durfte, wer nicht. Und der fünfte hatte den Krieg als deutscher Offizier überlebt. Hier traf aufeinander, was Männer mit Überzeugungen – Frauen spielten noch kaum eine Rolle – in schlaflosen Nächten vor und nach der Kapitulation sich überlegt, sich zurechtgelegt, sich auch vorgenommen hatten. Es war wohl diese Tiefendimension der Kontroverse, die viele faszinierte.

Dazu kam etwas, was sich damals von selbst verstand, heute aber kaum mehr verständlich ist: Die Nähe des Krieges, ja des Todes. Ein Krieg, an dessen Ende der Wert eines Menschenlebens gegen Null ging, war gerade vorüber, der nächste drohte bereits. Was sich zwischen den Siegern im kommunistischen Osten und denen im demokratischen Westen abspielte, hatte bereits den Namen »Kalter Krieg«, und niemand wusste, wann dieser Kalte Krieg in einen heißen umschlagen würde. Sicher war nur: Kommt es zum Krieg zwischen den Blöcken – und damit den Weltmächten –, dann wird er früher oder später zum Atomkrieg werden. Dann aber hatten die Deutschen – diesseits und jenseits der Zonengrenze – kaum noch eine Überlebenschance. Bei den Debatten der Fünfzigerjahre ging es darum, ob und wie sich dieser ultimative Krieg vermeiden ließ. Damals war klar: Die richtige Politik bedeutete Leben, die falsche Tod. Kein Wunder, dass da Leidenschaften ins Spiel kamen, dass die Debatten der Fünfzigerjahre eine Dramatik hatten, die viele der Jüngeren kaum mehr nachvollziehen können. Sie haben 1989 erlebt, dass etwas geschah, was niemand sich hatte vorstellen können: dass die deutsche Einheit ohne einen einzigen Schuss, ohne ein einziges Menschenopfer zustande kam. Seither ist fast vergessen, dass Politik, seit es sie gibt, immer auch mit Leben und Tod zu tun hatte. Nicht der Kalte Krieg war das Wunder, sondern sein unblutiges Ende.

V. In den letzten Jahren hat eine deutsche Regierung eine Europapolitik betrieben, die uns vor Fragen stellt, die wir längst für erledigt hielten. Und diese Europapolitik ist nie so gründlich diskutiert worden, wie es nötig gewesen wäre. Deutschland hat seine politische und ökonomische Macht in Brüssel voll ausgespielt, und zwar erkennbar im eigenen Interesse. In der Opposition hat das Sorge ausgelöst, aber sie kam nie so klar zum Ausdruck, dass daraus eine nationale Kontroverse hätte entstehen können. Was die Opposition gehindert hat, war die – leider berechtigte – Furcht, als Verräterin nationaler Interessen angeklagt zu werden. So hat das, was man in Europa als den »kalten Nationalismus« der Deutschen empfand, Europa an den Rand der Nord-Süd-Spaltung gebracht, ohne dass in Deutschland Alarm geschlagen wurde. Es sei eben üblich, dass die Nationalstaaten in Brüssel ihre eigenen Interessen verträten, sagte man uns. Das mochte stimmen. Aber wenn jemand einen Führungsanspruch anmeldet – oder auch ungewollt in einen hineinwächst –, muss er zuerst das Interesse des Ganzen, also Europas im Auge haben. Wo der Stärkste glaubt, Führung bestehe darin, dass er seine Interessen durchsetzt, kann nur alles schiefgehen. Führen heißt vorangehen im Interesse des Ganzen. Da taugt der kalte, unauffällige, unpathetische, aber rücksichtslose Nationalismus nicht mehr.

Man kann und darf deutschen Politikern heute vorwerfen, dass die politische Taktik so dominant geworden ist, dass eine Strategie nicht mehr zu erkennen ist. Dass Versäumnisse im Klimaschutz eher hingenommen werden als geringe Nachteile für einige deutsche Autobauer, dass die Chance, deutsche Staatspapiere fast ohne Zins an den Markt zu bringen, eben doch verlockender ist als ein europäisches Schuldenmanagement, das jedem Land seine Eigenverantwortung belässt und doch klarmacht, dass im Notfall alle zusammenstehen. Man kann kritisch vermerken, dass der Präsident der Europäischen Zentralbank – gegen massiven Widerstand aus Deutschland – mit einer Pressekonferenz – und dann auch noch, ohne tun zu müssen, was er dort angekündigt hat – die Finanzmärkte nachhaltiger beruhigt hat als alles, was die deutsche Kanzlerin am Verhandlungstisch durchgesetzt hat. Dieser Mängelkatalog ließe sich fortsetzen. Aber er liefe schließlich doch auf die ewige, berechtigte und doch nie ausreichend beherzigte Klage darüber hinaus, dass Politik sich eher an kurzfristigen Aufgaben abarbeitet, als langfristigen Gefahren entgegenwirkt. Das ist und bleibt schlimm, es wird wohl im 21. Jahrhundert immer gefährlicher. Aber es hat eben auch damit zu tun, dass in einer Demokratie für das kurzfristig Dringliche leichter Unterstützung zu finden ist als für das mittel- und langfristig Nötige. Auch damit, dass Medien, die »gamezentriert« berichten, sich kaum für die ferne Zukunft interessieren.

VI. Es könnte manchen kritischen Leser überraschen, wenn ich hier noch an ein Tabu unserer politischen Diskussion rühre. Es gab eine Zeit, in der alle, wirklich alle, die damals in Bonn Politik gemacht haben, überzeugt waren, dass eine gute Politik sich ausweise an der Höhe des Wirtschaftswachstums. Fünf Prozent waren eben besser als drei. Heute sind wir bescheidener: 1,75 Prozent ist besser als 1,4 Prozent. Natürlich weiß inzwischen jeder, dass im Bruttoinlandsprodukt ein Autounfall das Wachstum erhöht, während eine Eheschließung zur Senkung beitragen kann, weil nämlich die Arbeit einer Hausfrau nicht ins Bruttoinlandsprodukt eingeht.

Besonders erfreut waren die Herren der Wirtschaft über unsere Wachstumsgläubigkeit. Denn wer machte denn das Wachstum? Doch nicht die Minister einer Regierung, sondern die Unternehmen, also auch die Unternehmer. Und sie verlangten logischerweise, dass man ihnen dabei hilft: Etwa dadurch, dass man die

Unternehmenssteuern senkt. Tatsächlich hat sich ihr Anteil am Gesamtsteueraufkommen in den letzten 50 Jahren halbiert.

Seit 45 Jahren halte ich dagegen Mich interessiert nicht, wieviel wächst, sondern was wächst. In der Praxis sind wir dem inzwischen ziemlich nahe gekommen: Wachsen sollen die erneuerbaren Energien, schrumpfen soll der Anteil der Kohle und der Atomreaktoren. Aber die Theorie ist geblieben. Je mehr Wachstum desto besser.

Es gibt nur einen Grund, dies an dieser Stelle zu erwähnen: Solange wir auf die Prozente und Promille der Wachstumsraten starren, akzeptieren wir den Primat der Wirtschaft über die Politik. Politik ist dazu da, die Wirtschaft zu fördern, was auch immer sie produziert. Sobald wir darüber streiten, was wachsen und was schrumpfen soll, liegt der Schwerpunkt auf der politischen Debatte. Die Frage, was denn wachsen soll, was besser nicht, stärkt den Primat der Politik. Wer sich diesen Primat wünscht, sollte darüber einmal nachdenken.

[KAPITEL 8]
Ein Fall für Psychologen

I. **HANS-JOACHIM MAAZ HAT 40 JAHRE ALS PSYCHIATER** und Psychoanalytiker praktiziert. Unter den Psychologen in Deutschland eine der ersten Adressen. Was er 2012 unter dem Titel »Das Gier-Syndrom« veröffentlicht hat, fußt auf einer inzwischen kaum mehr angefochtenen Erkenntnis: Dass nämlich Kinder in den ersten fünf Jahren vor allem Zuwendung, Ermutigung und Bestätigung, man kann auch sagen: Liebe brauchen. Damit sie später nicht belastet sind mit Gefühlen der Minderwertigkeit, der Unsicherheit, die zum Stachel werden, »zum quälenden Antreiber, [...] durch besondere Leistungen, durch Ehrgeiz und herausragendes Engagement zu beweisen, dass man doch liebens- und anerkennenswert sei.«

Es liegt durchaus nahe, von solchen Einsichten her den politischen Betrieb zu bewerten. Überraschen kann weniger, dass Maaz dies tut, als wie er es tut, übrigens ohne dass er damit bisher hörbaren Widerspruch provoziert hätte: Er widmet der Politik ein ganzes Kapitel, das die Überschrift »Politik ist narzissmuspflichtig« trägt (S. 189). Politik ist für Maaz also nicht nur dadurch gefährdet, dass Männer oder Frauen dort versuchen, ihr »beschädigtes Selbst zu schützen«, indem sie sich öffentlich präsentieren, ihrem Ehrgeiz frönen, Macht – oder doch den Anschein des Mächtigen – erwerben. Nein, »narzissmuspflichtig« kann doch wohl nur bedeuten, dass man nur als Narzissmusgeschädigter in die Politik kommt. Wer die Überschrift so auffasst, wird vom Text nicht enttäuscht.

Ein narzisstisches Defizit ist nach Maaz die beste Voraussetzung für das politische Geschäft. Mit einem gesunden, gesättigten Narzissmus würde man sich niemals auf eine »Spielwiese« begeben, auf der es um Macht, um Sieg oder Niederlage, um ständige Kämpfe, um Intrigen und Korruption geht. Mit gesundem Narzissmus ist man sich selbst genug im Auf und Ab der Rhythmen und Zyklen der natürlichen Bedürfnisbefriedigung. Es geht dann um erreichbare Entspannung und nicht um immer mehr Macht um jeden Preis.

Kurz: Ein psychisch gesunder, nicht narzissmusgeschädigter Mensch hat das politische Spielfeld nicht nötig. Anders der mit dem narzisstischen Defizit:

»Für das narzisstische Defizit bietet die real existierende Politik hervorragende Möglichkeiten zur Kompensation und Ablenkung. Politische Ämter und Funktionen bedienen vor allem das Größenselbst.«

Vernachlässigte Kinder hat es immer gegeben. Also gilt, was heute gilt, wohl auch für Vergangenheit und Zukunft:

»Zur Politik ist heute (und war vielleicht schon immer) nur derjenige geschaffen, der wegen des persönlichen narzisstischen Makels etwas Großes leisten oder wenigstens Bedeutendes darstellen muss.

Was zählt, ist lediglich der augenblickliche Erfolg, die aktuelle Zustimmung, die für den Moment einige Befriedigung verschafft. Die Zukunft interessiert die narzisstisch Geschädigten wenig, und auch die Sache, um die es vorgeblich geht, ist nur Vehikel für den süchtigen Machtkampf und die Selbstbehauptung gegenüber Konkurrenten und Kritikern.« (S. 190)

Auch für die Psychologen wie für viele Journalisten ist die Politik ein Wettspiel, ein game, wo man gewinnen oder verlieren kann. Die Sache, um die der Streit geht, interessiert nicht: Noch einmal Maaz:

»Der Konflikt um Ressourcen, der Rückgang der Artenvielfalt, die Vergiftung der Gewässer, der Böden und der Luft, die dramatischen Veränderungen des Klimas, wachsende soziale Ungerechtigkeit – das ist im Prinzip allen und natürlich auch unseren Politikern bekannt. Aufgrund ihrer Persönlichkeitsstruktur sind sie jedoch nicht zu prospektiven, visionären und unbequemen Entscheidungen in der Lage – sie brauchen den kurzfristigen Erfolg, sie müssen sich

beliebt machen, um im politischen Geschäft zu bestehen und es als Droge nutzen zu können.« (S. 191)

Für die narzisstisch geschädigten Menschen, die sich in der Politik abreagieren – und andere haben keinen Grund, sich dem politischen Geschäft auszusetzen –, zählt nur die Droge, die sie brauchen, nicht die Bedürfnisse der Menschen, die sie vertreten sollen, schon gar nicht etwas wie das Gemeinwohl, das bonum commune, von dem schon die Römer sprachen und das Katholiken in ihren Sozialenzykliken wiederfinden. Wer Politik verstehen will, muss nur das Märchen »Des Kaisers neue Kleider« auf sich wirken lassen:

»In der Politik schneidert sich die narzisstische Kompensation ein Königskleid: große Worte, große Versprechungen, die aufgesetzte Souveränität, die vorgegaukelte Sicherheit, das wunderbar verpackte Nichtwissen, rhetorisch-eloquente Scheingefechte liefern das schillernde Als-ob-Kostüm, und keiner will erkennen, dass der Kaiser nackt ist.« (S. 191)

Ähnliches haben wir alle schon des Öfteren gehört. Nur kam es da nicht als Ergebnis und in der Sprache der Wissenschaft daher, sondern als Unmut verärgerter Bürgerinnen und Bürger, die sich am Stammtisch oder auch am Mittagstisch Luft machen. In einem Land, in welchem Politik im Allgemeinen und demokratische Politik im Besonderen nie besonders angesehen waren, liest sich vieles von dem, was sich als Ergebnis psychologischer Forschung ausgibt, wie ein Aufguss uralter Vorurteile. Auch der anschließende Satz, welcher der deutschen Demokratie von Anfang an entgegengehalten wurde:

»Das Volk als »Souverän«, die Wahlfreiheit und die psychische Reife des Wählers sind die größten Illusionen unseres demokratischen Systems.« (S. 192)

Das ist nun schon mehr Politik als Psychologie.

An dieser Stelle seien nur zwei Fragen gestellt.

Die erste: Bewirkt Herr Maaz mit seiner These, Politik sei »narzissmuspflichtig« nicht etwas, das er wahrscheinlich gar nicht will: dass nämlich jeder und jede, die sich politisch engagieren, für ein politisches Mandat kandidieren, schon ehe sie irgendetwas getan haben, sich dem abschreckenden Verdacht aussetzen, psychisch geschädigt zu sein? Und zweitens: Wie kommt es, wenn Politikern das Wohl ihrer Wähler so gleichgültig ist, dass die Mehrheit der Deutschen findet, es gehe ihnen gut und sie seien so übel gar nicht regiert? Funktioniert der politische Betrug so perfekt?

Und doch: Wenn es stimmt, dass nicht die Lüge, sondern die Eitelkeit das Laster der Politik ist, weist Maaz auf eine Gefahr hin, die dort durchaus erkannt ist und der man sich erwehren kann.

[KAPITEL 9]
Ein System neben anderen?

I. Politik ist im Prinzip allzuständig. Sie entscheidet selbst, aufgrund einer – ebenfalls von der Politik geschaffenen Verfassung –, wo sie eingreifen will, wo nicht. Sie entscheidet, ob und wie Bier, Schnaps, Coca-Cola oder Mineralwasser besteuert wird, was ein Autofahrer, der am Steuer sitzt, nebenher tun darf und was nicht, ob und wie Erbschaften besteuert werden, ob und wie intensiv ein Land sich an der Raumfahrt beteiligt, wie die Kosten für die Pflege an Alzheimer erkrankter Menschen berechnet werden, ob Lehrer oder Eltern das letzte Wort haben, wenn entschieden werden muss, ob ein Zehnjähriger ins Gymnasium kommt, was die Basis der Energieversorgung sein soll, Öl, Kohle, Atomstrom oder erneuerbare Energien, und auch welche der erneuerbaren Energien welches Gewicht haben sollen: Sonne, Wind oder Wasser.

Kurz: Politik regelt mit dem Instrument des Rechts alle Bereiche menschlichen Lebens und sie bestimmt selbst, wo sie nicht tätig werden will und darf: Sie besoldet zwar Professoren, aber sie entscheidet nicht, wer Recht hat, wenn Professoren eines Fachs sich streiten. Sie ist dafür zuständig, was die Menschen in einem Staat tun dürfen und was nicht, aber nicht dafür, was sie denken und glauben sollen.

Weil dem so ist, kann sie keine Theorie, auch nicht die eines bedeutenden Soziologen, anerkennen, der sich unsere Gesellschaft in ganz und gar selbständige Systeme gliedert, die einander kaum verstehen und auch keinen Einfluss aufeinander haben. Die Politik muss entscheiden, ob Glyphosat von den Bauern zum Vertilgen des »Unkrauts« verwendet werden darf oder nicht, weil es möglicherweise Krebs erzeugt. Natürlich muss sich die Politik dabei an den Ergebnissen der Wissenschaften, zumal der medizinischen, orientieren, aber um die Entscheidung kann sie sich nicht drücken, auch wenn sie den Bauern die Arbeit deutlich erschwert und also spürbar auf die Landwirtschaft einwirkt. Wäre die Entscheidung für die Landwirte nur ein »irritierendes Rauschen«, würden sich die Vertreter der Landwirtschaft nicht so leidenschaftlich für dieses Unkrautvernichtungsmittel einsetzen.

Je länger ich die Systemtheorie des – im Übrigen blitzgescheiten und sympathischen, 1998 verstorbenen – Niklas Luhmann mit meinen Erfahrungen vergleiche, desto mehr wundere ich mich, warum diese Theorie nicht mehr Widerspruch hervorgerufen hat. *»Nach der Systemtheorie der Luhmannschule hat sich unsere Gesellschaft seit langem und immer noch zunehmend in Funktionssysteme aufgespalten, ausdifferenziert, die inzwischen nicht nur eigenständig, sondern autopoietisch geworden sind, die sich also dauernd aus sich selbst nach eigenen Gesetzen erneuern. Autopoietische Systeme sind immer »geschlossene Systeme«.«* (Niklas Luhmann, Soziale Systeme, S. 602)

»Sobald die Schließung perfekt ist, also für Politik nur noch Politik, für Kunst nur noch Kunst, für Erziehung nur noch Anlagen und Lernbereitschaft, für Wirtschaft nur noch Kapital und Ertrag zählen, wird alles, was in den anderen Systemen vorgeht, nur noch als Umwelt wahrgenommen, »als irritierendes Rauschen, als Störungen«.« (Luhmann, Die Gesellschaft der Gesellschaft 2. Bd. S. 708).

Haben die Gesetze, mit denen die Politik ihrem Ordnungsauftrag für die anderen »Systeme« nachkommt, keine andere Wirkung? War der Atomausstieg, die Stilllegung vieler Reaktoren, die staatliche Förderung erneuerbarer Energien für die deutsche Wirtschaft nichts als ein »irritierendes Rauschen«? Oder der Aufstand der Kommunalpolitiker der großen Städte gegen die Luftverschmutzung für die Automobilindustrie wirklich vernachlässigbar?

Zum geschlossenen, autopoietischen System gehört die binäre Codierung. Nach ihr, nach ihrem Ja/Nein-Schema ist strukturiert, was im System geschieht. Für alle anderen Systeme ist der Code gänzlich irrelevant, ja unverständlich, eine Fremdsprache. Das klingt zuerst einmal plausibel. Es hat keinen Sinn zu fragen, ob eine neue Fabrik wahr sei oder unwahr, ein Forschungsergebnis schön oder hässlich, ein Erziehungssystem rentabel oder unrentabel. Oder doch? Beim letzten Beispiel stocken wir, denn genau dies geschieht heute manchmal in der Praxis, aber von der Praxis lässt sich die Systemtheorie nicht beirren. Für die Politik geschieht nach Luhmann die Codierung allein durch die Begriffspaare Macht – Ohnmacht, Regierung – Opposition.

II. Wenn für die Wissenschaft die Codierung wahr – unwahr gilt, was einleuchtet, dann gilt für die Politik »richtig« oder »falsch«. Auf diese Frage müssen Politiker täglich, ja stündlich antworten.

Ob etwas richtig oder falsch ist, hat jeder tätige Mensch immer wieder zu beantworten, der Bauer, wenn er den Zeitpunkt der Kartoffelernte festlegen muss, der Manager einer Supermarktkette, wenn ein neuer Anbieter ihm seine Schokolade vorführt, die Ärztin, wenn sie ein Arzneimittel verschreibt, die Facharbeiterin, wenn sie sich auf dem Weg zur Arbeit zwischen einer – relativ freien – Landstraße und einer oft überfüllten Autobahn entscheiden muss, und eben auch ein Abgeordneter, der im Finanzausschuss entscheiden muss, ob das Bier oder die Bücher in den niedrigen Mehrwertsteuersatz gehören.

Da die Politik Gesetze zu machen hat für praktisch alle Lebensbereiche, die für Luhmann »Systeme« sind, müssen zumindest die im Fachausschuss zuständigen Abgeordneten sich in die Materie einarbeiten. Der Autor dieses Buches hat sich vor gut 50 Jahren ein ganzes Jahr lang in das Bewertungsrecht für Immobilien eingearbeitet, als der Finanzausschuss des Bundestages ihn zum Berichterstatter für ein neues Bewertungsgesetz bestimmte. Nie hat er auf eine seiner vielen Prüfungen so gebüffelt. Ein Abgeordneter, der Ausschussarbeit zu leisten hat – und das müssen alle – muss sich in das Denken zumindest eines der Fachgebiete einarbeiten, von denen einige für Luhmann »Systeme« sind, die Wirtschaft, die Finanzen, die Gesundheit, die Sozialpolitik, die Verteidigung, die Außenpolitik. Und ein Landtagsabgeordneter, der weder von Schulen und Universitäten noch von Verwaltung etwas versteht, muss dazulernen, wenn er Landespolitik machen will.

Wer Gesetze machen muss, die für alle gelten, muss sich mit den Eigenheiten, vielleicht auch den Eigengesetzlichkeiten eines jeden »Systems« so vertraut machen, dass er mit der zuständigen Ministerialbürokratie und den Lobbyisten auf Augenhöhe diskutieren kann. Natürlich lässt sich einwenden, dass kein Politiker dies auf allen Feldern der Gesetzgebung tun kann. Es wird immer genug Sachgebiete geben, wo er sich auf den Sachverstand der zuständigen Kollegen verlassen muss.

Natürlich hat, wer Gesetze macht, auch mit der Lobby zu tun, die manchmal bis in den Ausschuss hineinreicht. Auch die Lobby hat in der Demokratie ein Recht, gehört zu werden. Aber Aufgabe der Politik ist es, die Lobby anzuhören, sie zu verstehen und ihre Argumente zu werten, ihr notfalls auch zu widersprechen. Das ist richtig. Falsch wäre es, der Lobby einfach zu folgen oder sie auszusperren. Die Gefahr, dass die politische Entscheidung der Lobby folgt, ist vor allem dann gegeben, wenn die Lobby sich auf eine – zumindest angeblich – wissenschaftliche Theorie berufen kann, an der sich auch die Mehrzahl der akademischen Lehrstühle orientiert, was wiederum auf die Medien ausstrahlt. Das war der Fall, als nach dem Zusammenbruch des Kommunismus die marktradikale Welle in Deutschland ihren Gipfelpunkt erreichte. Wenn aus allen Ecken dieselbe Botschaft kommt, ist es nicht leicht, einen kühlen Kopf zu bewahren.

Aber vorher kommen viele andere Fragen: Wem in der Gesellschaft hilft das? Wem kann es schaden? Bedarf dies neuer Bürokratie? Wie steht es mit der Finanzierung? Können wir uns das leisten? Gibt es Wichtigeres? Ist dies der richtige Zeitpunkt? Welche Einwände sind zu erwarten? Lassen sie sich widerlegen? Was sagt dazu das Verfassungsgericht? Sind ungewollte Nebenwirkungen, neue, zusätzliche Forderungen zu erwarten? Können wir sie erfüllen?

Man könnte diese Fragenreihe beliebig verlängern. Und in den zuständigen Gremien sind genügend Fachleute, denen noch etwas einfällt. Wenn dann schließlich das Votum: »Es ist richtig« zustande kommt, dann bleiben immer noch Risiken, weil niemand die Zukunft kennt. Daher kommt es auch, dass man über das, was richtig ist, abstimmen kann, ja muss, während eine Abstimmung über das, was wahr ist, sich von selbst verbietet. Auch wenn es nur um Kleinigkeiten geht, etwa um eine Stellungnahme zur Pressekonferenz einer anderen Partei, stellt sich die Frage: Was ist richtig? Ein paar kritische Fragen? Partielle Zustimmung? Polemik? Wen könnte man verprellen? Wer erwartet eine Stellungnahme?

Die Vorstellung, dass sich Politik auf den Machtkampf beschränkt, ist erschreckend naiv und erinnert an die Game-Zentrierung der Medien. Im Übrigen gibt es Machtkämpfe überall, in Vereinen, von denen niemand meint, sie seien mächtig, in Verlagen, Zeitungsredaktionen, Universitätsfakultäten, Gerichten, Synoden, Kliniken, sogar in Familien. Wo Menschen sind, entsteht und vergeht Macht. In der Politik ist das am sichtbarsten, aber keineswegs immer am brutalsten. In der Politik gibt es wenigstens allgemein anerkannte Regeln für den Machtkampf. Und wenn Konzerne aneinander geraten?

Wer »Regierung« und »Opposition« zu Codewörtern des politischen Systems macht, klammert übrigens die Mehrheit derer aus, die sich in Deutschland um politische Mandate bewerben: die Kommunalpolitiker. Die kommunale Selbstverwaltung, in unserer Geschichte verwurzelt, ist immer noch die Basis unserer Demokratie. Und hier sind es nicht, wie im Bund, ein paar hundert Engagierte, sondern zehntausende in Stadt und Land, die für eine geringe Aufwandsentschädigung einen Dienst leisten, ohne den unsere Demokratie absterben müsste. Aber die meisten befinden sich lebenslang weder in der »Regierung« noch in der »Opposition«.

Seit in ganz Deutschland die Bürgermeisterinnen und Bürgermeister direkt vom Volk gewählt werden, also nicht vom Gemeinderat, befinden sich die meisten Gemeinderäte in einer Position, die sich weder mit »Regierung« noch mit »Opposition« umschreiben lässt. Im Bund oder in den Ländern wird niemand Chef der Exekutive, der nicht eine Mehrheit der Abgeordneten hinter sich hat. In den Kommunen gibt es viele vom Volk direkt gewählte Bürgermeisterinnen und Bürgermeister, deren Partei – soweit sie überhaupt einer angehören – im Gemeinderat kaum, jedenfalls nicht mit der Mehrheit der Sitze vertreten ist. Sie müssen sich also für jede Vorlage im Rat eine Mehrheit suchen. Und die besteht keineswegs immer aus denselben Volksvertretern. Denn jeder und jede hat ihre eigenen Interessen und Neigungen. Sie stimmen einmal für die Verwaltung, ein andermal dagegen. Auch die Oberbürgermeisterin einer Großstadt, die einer der beiden großen Parteien angehört, hat ganz selten eine einigermaßen verlässliche Mehrheit, nämlich dann, wenn sich Ratsmitglieder zu einer Koalition verbinden. Sogar dann gibt es nicht Regierungsparteien und Oppositionsparteien, sondern auf der einen Seite eine Verwaltung, an deren Spitze die Oberbürgermeisterin steht und auf der anderen Seite Volksvertreter beiderlei Geschlechts, deren Zustimmung sie suchen muss. Der Unterschied ist allenfalls, dass der oder die OB dies bei zwei Fraktionen vor der Sitzung tut, bei den übrigen in der Sitzung.

III. Für die Luhmannschule ist jedes System autonom, funktioniert nur nach seinem eigenen Code, der dieses System ganz und gar bestimmt und ordnet, allen anderen Systemen jedoch gänzlich fremd ist. Das hat für Luhmann die Konsequenz:
»Die über binäre Eigencodierung gesicherte Autonomie der Funktionssysteme schließt eine Meta-Regulierung durch einen moralischen Supercode aus« (Luhmann. Die Gesellschaft der Gesellschaft S. 1043)

Wo es um nichts als um Macht geht, wo der Zweck politischen Handelns allein die Macht ist, die nach noch mehr Macht giert, hat die Frage nach Gut und Böse in der Tat keinen Platz und keinen Sinn. Aber auch Politiker urteilen: »Das war anständig!« oder »Was für eine Gemeinheit.« Deshalb ist Politik moralisch ansprechbar.

In einem Aufsatz für einen Sammelband zum Thema: »Müssen Politiker ehrlich sein?« erläutert Luhmann diesen für ihn unumstößlichen Sachverhalt.

»Die Zwei-Werte-Codierung der Funktionssysteme lässt sich in keinem Fall mit dem Moralcode von gut/schlecht gleichsetzen, und damit entzieht sich auch die gesamte Selbstorganisation dieser Funktionssysteme einer moralischen Kontrolle.« (Luhmann. Opfer der Macht, S. 32)

Damit ist auch gesagt, dass Begriffe wie das »bonum commune«, das gemeine Wohl, das Gute für die gesamte Gesellschaft, für alle Systeme, auch das politische, unübersetzbare Fremdwörter sind. In der praktischen Politik streiten Parteien darüber, was jeweils das bonum commune sei.

Ein autopoietisches Funktionssystem, in sich geschlossen und gegen die anderen Funktionssysteme abgeschottet, entscheidet selbst, was – innerhalb des Systems – richtig, das heißt systemgemäß und damit gut ist. Immerhin kann Luhmann sich vorstellen, *»dass das politische System, und Gleiches dürfte für andere Funktionssysteme gelten, selbst regelt, in welchen Hinsichten und in welchen Formen Moral relevant wird. Eine politische Ethik hätte vor allem diese Eigenregie des Systems zu reflektieren.«* (Ebda S. 40)

Ob die Menschen außerhalb des »politischen Systems« diese Sonderethik dann begreifen oder gar billigen, ist unerheblich. Wie aber sollen sie – in einer Demokratie – Vertreter wählen, deren in Eigenregie produzierte Moral sie nicht verstehen können und wohl auch nicht verstehen sollen? Kein Wunder, dass es diese selbsterzeugte Moral nicht gibt. Kein Luhmannschüler hat bisher versucht, sie zu formulieren.

IV. Die veröffentlichte Meinung kümmert sich um all dies nicht. Wird ein Politiker der Lüge überführt, hat er bewusst die Unwahrheit gesagt, ist er meist erledigt. Es bleibt nur der Rücktritt. Aber dass eine einflussreiche akademische Schule wie die Luhmanns die Politik jenseits der Moral ansiedelt, hat natürlich die Abwertung der Politik beflügelt.

Im Übrigen: Wenn das politische System abgeriegelt ist gegen alles, was nicht nach Macht strebt, wenn es dort nur um Macht, weniger oder mehr Macht geht, wer in aller Welt wird sich darauf einlassen, es sei denn, ziemlich abartige, psychisch geschädigte Gestalten? Damit wären wir wieder da, wo Hans-Joachim Maaz uns zurückgelassen hat, verwirrt und ratlos.

Vielleicht wusste und wollte Luhmann genau das. Mitten in seinen höchst abstrakten Überlegungen und Ableitungen steht ein Satz wie dieser:

Das politische System zieht über die politischen Parteien Personen in die Politik, die dann aufgrund der puren Notwendigkeit, beschäftigt zu sein, das Volk mit nicht finanzierbaren Wohltaten beglücken. (Luhmann. Die Gesellschaft der Gesellschaft S. 802)

So also stellte sich einer der gescheitesten Professoren unseres Landes die Politik vor. Er wusste wohl gar nicht, wie nah er damit bei den Ideologen war, die seit den Achtzigerjahren weltweit verkündeten, die Märkte seien allemal klüger als die Politik. Sie könnten uns alle reich und glücklich machen, würden Politiker sie nicht dabei stören. Nicht von ungefähr setzte sich Luhmanns Systemtheorie zur gleichen Zeit durch, in der die neoliberale Theorie florierte.

[KAPITEL 10]

Über enttäuschte Hoffnungen zur post-faktischen Politik?

I. ALS DAS DIGITALE ZEITALTER HERAUFZOG, waren viele Demokraten ins Schwärmen geraten. In Twitter oder Facebook erfüllte sich ein Traum: Endlich ließ sich ein Mangel der Demokratie beheben. Endlich sollten die Bürgerinnen und Bürger nicht nur passiv zur Kenntnis nehmen, was in den Parlamenten diskutiert und in den Zeitungen darüber geschrieben wurde. Nicht nur bei der Wahl alle paar Jahre, sondern immer, wann immer sie Lust hätten, sollten sie eine Stimme, eine weithin hörbare Stimme haben. Und wann immer sie jemandem widersprechen wollten, konnten sie es tun, keine Leserbriefredaktion konnte sie daran hindern. Endlich konnte in Rede und Gegenrede ein Thema an der Basis entscheidungsreif diskutiert werden.

Die Begeisterung, geweckt durch die neuen Chancen, führte in Deutschland sogar zu einer Parteigründung: Die Piraten wollten den herkömmlichen Politikern zeigen, was demokratische Politik ist. Sie fühlten sich als Piraten der Wahrheit und der Demokratie. Dabei vergaßen sie, dass zur Politik zwar immer Diskussion nötig ist, dass Politik aber doch weit mehr verlangt als eine mehr oder weniger gelungene Diskussion. Man muss auch wissen, was man will.

Natürlich gab es niemanden, der dieser Diskussion Regeln setzen konnte. Und so entgleiste sie immer häufiger. Niemand konnte vermitteln, dass Beschimpfungen in einer politischen Diskussion keinen Platz haben. Statt ein Thema von allen Seiten zu beleuchten, begannen Gruppen Gleichgesinnter sich gegenseitig madig zu machen.

Inzwischen bezeichnet der britische Zeithistoriker Timothy Garton Ash das Internet als »die größte Kloake der Menschheitsgeschichte« und Detlef Esslinger von der Süddeutschen Zeitung, der nicht zu unbedachten Übertreibungen neigt, schreibt am 24. April 2017 in seiner Zeitung:

»Auf Facebook gibt es jeden Tag und jede Minute alles: seriöse Nachrichten, harmlose Unterhaltung, inspirierende Diskussionen, Verschwörungstheorien, Gewaltpornos, Beleidigungen, Drohungen (und gerade sogar erst wieder das Prahlen mit Mord und Selbstmord …).

Dergleichen gab es zwar schon immer. Aber früher blieb jeder beschränkt auf den Winkel, in dem er sich gerade aufhielt. Heute lässt sich die ganze Welt mit Ungeist bewerfen. Wo führt das hin, wenn niedere Instinkte die Chance haben, zu prägenden Elementen des öffentlichen Diskurses aufzusteigen?«

II. Was als Chance der Demokratisierung begann, scheint die Politik um den Rest ihres Ansehens zu bringen. Das Internet als der Ort, wo man sich gehen lassen kann, der Ort, wo es auf die Wahrheit nicht so genau ankommt, wo Verschwörungstheorien eine Chance haben, das hatte gerade noch gefehlt, um von Politik abzuschrecken.

Es wird auch dadurch nicht besser, dass der gewählte und vereidigte Präsident der Vereinigten Staaten unentwegt weiter twittert. Donald Trump braucht das Internet, um der Kontrolle der Leute zu entkommen, die dafür sorgen sollen, dass ein Präsident sich einigermaßen wie ein Präsident benimmt. Wenn er twittert, kann er ganz er selbst sein, seine Meinung sofort kundtun, ehe der Apparat die Sache in die Hand nimmt. Aber Narrenfreiheit passt nicht zu einem Präsidenten.

Das Internet hat aber auch Einfluss auf die großen politischen Entscheidungen. Wer es benutzt, weiß zwar nie, ob etwas wahr ist oder nicht. Aber da es keinen Sinn hätte, alles zu bezweifeln, was Facebook oder Twitter bieten, hält man vieles für wahr, bis das Gegenteil bewiesen ist. So konnten in Großbritannien wirklich die sich durchsetzen, die den Austritt aus der Europäischen

Union – in die man ja freiwillig eingetreten war – als einen Akt der Befreiung darstellten. Niemand weiß, was Millionen von Briten tun werden, wenn die Verhandlungen mit der EU über den Brexit zu einem ganz anderen Ergebnis kommen oder wenn die britische Regierung aus Furcht vor der getäuschten Bevölkerung sich nicht mit den Europäern einigen kann. Niemand weiß daher, was die eineinhalb Jahre Verhandlung bringen werden. Das Thema Brexit wird jedenfalls nicht als Großtat verantwortlicher Politik in die Geschichte eingehen.

Das Internet wird eines von vielen Beispielen dafür bleiben, dass Errungenschaften der Technik nicht nur die erfreulichen Seiten des Menschen beflügeln.

Wenn postfaktische Politik bedeutet, dass perfekte Demagogen Emotionen erzeugen, die stärker wirken als alle Fakten, als jede Leistungsbilanz, dann wird Demokratie zur Schmierenbühne für Demagogen, die seriöse Politik zutiefst verachten. Demokratie ist eine Herrschaftsform, eine Methode, Macht zu erwerben, Macht zu zügeln, Macht in den Dienst des Demos, des Volkes zu stellen. Daher mag es zwar so etwas geben wie postfaktische Machtkämpfe. Aber postfaktische Politik? Oder gar postfaktische Demokratie? Oder müssen wir wählen zwischen postfaktischer Politik und Demokratie?

III. Wer mehr als 60 Jahre Politik hinter sich hat, findet den Ausdruck »postfaktische Politik« zuerst einmal wenig überzeugend, fremd, von überklugen Politologen erfunden. Politik hat es immer mit Fakten zu tun. Wenn kein Geld da ist, dann muss man entweder Schulden machen oder zurückstellen, was man nicht finanzieren kann. Wenn man eine Wahl verloren hat, muss man eben in die Opposition gehen. Faktum ist: Die anderen haben die Mehrheit. Ein guter Demokrat mäkelt nicht an solchen Fakten herum. Politik ist auch der angemessene, respektvolle Umgang mit Fakten.

In einem Wahlkampf kann und soll man sagen, welche Fakten man ändern will. Das ist üblich, in Ordnung, sicher nicht postfaktisch. Und wenn ein Kandidat für das Amt des US-Präsidenten Versprechungen macht, die er nicht halten kann, dann ist das auch nichts Neues. Wenn er Präsident wird, bekommt er es mit eben den Fakten zu tun, die er geleugnet hat. Und die Fakten sind oft zäher, hartnäckiger, stärker als der raffinierteste Politiker. Also: Was ist dann »postfaktisch«?

Postfaktisch meint zuerst einmal einen Redestil, der auch dann politische Wirkung erzeugt, wenn die Bemerkungen zur Sache, zu den Fakten geschlampt oder gar erfunden sind. Worauf es ankommt, ist, Emotionen zu erzeugen, welche stärker sind als alle Fakten, als alle rationalen Erwägungen, alle Dementis. Diese Emotionen sind oft so stark und dauerhaft, dass sie auch das Ausbleiben angekündigter Fakten überleben. Als Donald Trump versprach, eine gewaltige Mauer entlang der mexikanischen Grenze zu errichten, hat dies die Phantasie mancher Amerikaner so beflügelt, dass sie die faktischen Schwierigkeiten, auf die dieses phantastische Projekt treffen muss, denen anlasten, die eine Kostenrechnung vorlegen, gegen die mit rationalen Argumenten nicht anzukommen ist. Postfaktische Politik will Emotionen erzeugen, die so stark sind, dass sie auch das Scheitern des Angekündigten überstehen.

IV. Diesem Rezept kann auch ein regierender Präsident folgen. Wodurch Donald Trump, gut drei Monate im Amt, bewogen wurde, in der Syrienpolitik der USA einen neuen Akzent zu setzen, indem er dem syrischen Präsidenten signalisierte, dass der Friedensprozess für sein Land zumindest beginnen könne, solange er noch Präsident sei, ist nicht bekannt. Keine 48 Stunden danach wurden die Hoffnungen, die nun aufkeimten, zertreten durch eine Meldung, ein syrisches Kinderheim sei von der syrischen Luftwaffe mit Giftgas angegriffen worden. Man sei sich zwar nicht ganz sicher, wer die Täter seien, aber vieles spreche für die syrische Luftwaffe. Wenn das stimmte, so meinten Syrienkenner, musste Präsident Assad nicht nur ein Verbrecher sein, sondern auch ein Idiot, der mutwillig zerstörte, was er fünf Jahre lang vergeblich erhofft hatte: eine neue Politik der USA. Die Sache kam vor den Sicherheitsrat der UN: der russische Vertreter legte sein Veto ein gegen eine Bestrafung Syriens. Er konnte offenbar nicht glauben, dass der mit allen Wassern gewaschene Präsident Syriens ein Idiot sei.

Donald Trump hatte zufällig Zeit, im Fernsehen die Leiden der »schönen Kinder« zu sehen. Von Gefühlen überwältigt, für die man Respekt haben kann, befahl er – ohne genau zu wissen, wer für die Qualen der Kinder verantwortlich ist und ohne Zustimmung des Sicherheitsrats und daher völkerrechtswidrig – die Bestrafung Assads: 159 Marschflugkörper wurden von Schiffen aus auf einen syrischen Flugplatz abgeschossen.

Natürlich haben die USA nachträglich alles versucht, ihre These von der Schuld Assads zu stützen. Einen Beweis fanden sie nicht. Wer im syrischen Chaos nach Beweisen sucht, müsste doch vor allem herausfinden, ob unter dem Dutzend selbständiger Kampfgruppen eine ist, die den Friedensprozess, ja den Frieden, fürchtete. Für Unmenschlichkeit gibt es in Syrien viele Kandidaten. Postfaktische Politik war diese Entscheidung Trumps, weil Emotionen – in diesem Fall seine eigenen – sich durchsetzten, ganz gleich, was Faktum war. Dass sich dabei die Syrien-Politik der Weltmacht USA in wenigen Tagen zweimal um 180 Grad gedreht hat, ist immerhin bemerkenswert. Emotionen ändern sich, rascher als eine gewissenhaft erarbeitete Politik.

V. Mit Emotionen arbeitet auch der Populismus. Vielleicht ist die postfaktische Politik nichts anderes als radikaler Populismus. Dass wir alle nicht nur von der reinen Vernunft gesteuert werden, dass wir Gefühle haben, macht uns erst zu Menschen. Keine Politik darf so tun, als würden Menschen nur vom Verstand gelenkt. Daher wird sie nie ein wissenschaftlicher Diskurs sein. Es kommt darauf an, welche Gefühle auf welche Weise die Politik anspricht.

Als Angela Merkel den Deutschen zurief: »Wir schaffen das!« hat sie sich auch an Gefühle gewandt: Gefühle des Mitleids mit herumirrenden Opfern von Kriegen, darunter viele Kinder. Aber auch das Vertrauen in die eigene Kraft ist ein Gefühl, das sie ansprach: Wir Deutschen haben nach dem Zweiten Weltkrieg mehr als zehn Millionen unserer vertriebenen Landsleute integriert. Warum sollten wir nicht eine, zwei oder gar drei Millionen Flüchtlinge aus ihrer Not befreien können? Es war das Gefühl der Selbstachtung, das Vertrauen in die eigene Kraft, das sich verbinden sollte mit dem Mitleiden mit erschöpften, hilflosen Flüchtlingen.

Es ist nicht wahr, dass dieser Appell an diese Emotionen wirkungslos geblieben wäre. Schließlich hat die Welt gestaunt, wozu diese Deutschen fähig waren, ausgerechnet die Deutschen.

Man konnte der Kanzlerin vorwerfen, dass sie keinen Plan hatte, wie wir Jahr für Jahr eine Million Flüchtlinge aufnehmen konnten. Sie konnte keinen haben. Und es war klar, dass, je länger der Strom der Schutzsuchenden anschwoll, auch andere Gefühle sich durchsetzen würden.

Wenn ein Kind in eine ganz fremde Umgebung zu fremden Menschen kommt, dann »fremdelt« es. Es sucht Schutz bei jemandem, den es kennt, meist Mutter oder Vater. Und die nehmen das Kind erst einmal auf den Arm, ohne deshalb das Gespräch mit den Fremden abzubrechen. Auch Erwachsene bewegen sich unter Bekannten freier als unter Menschen, die sie noch nicht kennen. Handelt es sich gar um Menschen, die eine unverständliche Sprache sprechen und sich anders verhalten, als dies bei uns üblich ist, so wird der Umgang mit ihnen anstrengender, für manche zu anstrengend, so dass sie ihn meiden. Das alles lässt sich ändern, wenn dazu ein bewusster Wille kommt, den Fremden, die oft Schlimmes hinter sich haben, zu helfen, ihnen freundlich zu begegnen. Es ist allerdings wesentlich leichter, Fremdheit zu fördern und die Fremden zu Störenfrieden zu erklären, als in ihnen hilfsbedürftige Mitmenschen zu sehen, sie willkommen zu heißen und ihnen eine Unterkunft zu besorgen.

VI. Hier liegt die Chance der Populisten. Sind sie in der Regierung, so gefällt es ihnen, wie in Ungarn, Tschechien oder Polen, ihr Land abzuschotten. Sind sie in der Opposition, so können sie sicher sein, dass fremdenfeindliche Parolen nicht ohne Echo bleiben. Umgekehrt: Wer das Land öffnen will für Kriegsflüchtlinge, muss mit Widerstand rechnen. So gesehen war die Bereitschaft einer Mehrheit in der Bundesrepublik Deutschland, in einem Jahr eine Million Flüchtlinge aufzunehmen, sie willkommen zu heißen, für ihre Eingliederung ehrenamtlich zu arbeiten, weit weniger selbstverständlich als die Propaganda der Populisten. Die Kanzlerin, die – unerwartet – ihrem Gefühl folgte, musste wissen, was sie tat, sie musste sogar wissen, dass sie damit viele ihrer Anhänger überraschte und überforderte. Schließlich hatte sie, wenn sie die griechische Regierung demütigte, durchaus den Geldbeutel ihrer Wählerschaft im Auge. Und nun plötzlich wollte sie von ihren Wählern Opfer verlangen.

Horst Seehofer wusste von Anfang an, dass die Kanzlerin ihre Politik nicht würde durchhalten können. So hat er sich ihr sofort entgegengestellt. Beide, Merkel und Seehofer, standen an der Spitze christlicher Parteien. Die Kanzlerin hat der Welt ein Deutschland vorgeführt, das viele staunen ließ. Seehofer hat ihr widersprochen, weil er wusste, dass es dieses Deutschland auf Dauer so nicht geben konnte. Wo bei Seehofer die Verantwortungsethik aufhörte und der Populismus anfing, darüber könnten Politologen lange streiten. Vielleicht wird man in zwanzig Jahren sagen, Frau Merkel habe die Deutschen eingestimmt auf das, was das 21. Jahrhundert den Europäern noch bringen sollte. Natürlich hat auch sie Gefühle angesprochen, solche des Mitleids, bei nicht wenigen die Erinnerung an die eigene Flucht. Auch Hilfsbereitschaft kommt nicht ohne Gefühle aus.

Politik war noch nie ein wissenschaftlicher Diskurs und wird es auch nie sein. In demokratischer Politik geht es darum, wie Menschen leben wollen und was sie tun können, damit sie so leben können, wie sie leben wollen. Natürlich muss Politik auf sehr verschiedene Wünsche eingehen. Wo auch immer Politik auf Wünsche eingeht, bekommt sie es auch mit Gefühlen zu tun, solchen des Dankes und solchen empörter Ablehnung.

Nach Jahren marktradikaler Dominanz finden viele, unsere Gesellschaft sei kälter geworden. Nicht die Leistung verschaffe Respekt, sondern der Erfolg. Vor allem die Leistung von Frauen – die Doppelbelastung durch Beruf und Familie – wird zu wenig gewürdigt, am wenigsten die Leistung alleinerziehender Mütter.

VII. Wer der Erfolgsgesellschaft eine solidarische gegenüberstellt, muss an Verstand und Gefühl appellieren. Solidarität bedeutet zuerst einmal: Ich helfe Dir, wenn Du es brauchst, in der Hoffnung, dass Du mir hilfst, wenn ich es nötig habe. Da mischt sich durchaus rationales Kalkül mit der Zuwendung zum anderen. Aber da ist weniger Platz für aufwendige Selbstoptimierung – es sei denn, man habe erfahren, dass Selbstverwirklichung sich auch und gerade in der Zuwendung zu anderen vollzieht.

Populismus appelliert an den Egoismus, an einen bornierten Egoismus. Er braucht immer auch Objekte des Hasses. Er lehrt hassen, keineswegs nur Flüchtlinge, die den Einheimischen etwas wegnehmen wollen, sondern auch alle, die seine Vorurteile nicht teilen. Weil dazu die Mehrheit der Politiker gehört, handelt es sich eben um das »Establishment«, also von der Macht verwöhnte Burschen – dabei ein paar doppelt verwöhnte Damen –, die sich Schaukämpfe liefern, um die gemeinsamen Privilegien zu tarnen. Und wenn die Mehrzahl der Medien das Wirken dieses Establishments sachlich kommentiert, manchmal lobt, manchmal – natürlich nur zum Schein – auch tadelt, dann stecken die Journalisten mit dem Establishment unter einer Decke, ja sie gehören dazu. Da ist es dann nur ein Schritt zur Lügenpresse.

Demokratie braucht Wettbewerb, Auseinandersetzung, aber sie braucht und verträgt keinen Hass. Populismus aber produziert Furcht und Hass. Nicht, dass der Populismus sich an Gefühle wendet, ist seine Besonderheit, sondern an welche Gefühle. Es gibt

Gefühle, Emotionen, welche Gemeinschaft bilden und andere, die humane Gemeinschaft zerstören: Furcht und Hass. Hass auf die Juden und Furcht vor dem »Bolschewismus« waren wirksame Stützen der Nationalsozialisten. Wo sie positiv werden wollten, etwa in ihrer Feier der »nordischen Rasse«, machten sie sich eher lächerlich, weil – außer Reinhard Heydrich, der »Reichsprotektor« in Prag – niemand in der engeren Führung diesem Idealbild auch nur von Ferne ähnelte.

Die Kampagne, die Donald Trump ins Weiße Haus gebracht hat, war ein Feuerwerk des Hasses. Trumps erklärtes Ziel war, seine Gegnerin, die sich als Inbegriff des Establishments glänzend eignete, hinter Gitter zu bringen. Hass bindet aber auch. Ein beträchtlicher Teil der Anhänger Trumps sind fanatisiert. Als Präsident Trump anfing, politische Entscheidungen zu treffen, verfestigte sich für eine Mehrheit das Bild eines eitlen Narziss ohne politische Erfahrung, aber die Zahl der (trotzdem) Zustimmenden blieb, länger als erwartet.

Postfaktische Politik – das ist eine Lektion, die Donald Trump uns verpasst – ist möglich, in der Demokratie allerdings nicht beliebig lange, weil sie Verhaltensweisen fördert, die eine rechtsstaatliche Demokratie ruinieren müssen. Nur nüchterne, – aber deshalb nicht gefühllose – von Argumenten erreichbare Menschen, nicht fanatisierte Horden, bauen und tragen eine Demokratie. Wie alles menschliche Zusammenleben wird auch Demokratie von Emotionen bestimmt. Die Dominanz von Furcht und Hass passt eher in eine Diktatur.

VIII. Demokratische Politik orientiert sich an den Bedürfnissen und Wünschen der Wähler. Und oft muss sie abwägen, welche Bedürfnisse dringlicher sind als andere. Aber sie hütet sich, Menschengruppen gegeneinander aufzuhetzen, Arbeiter gegen Bauern – oder umgekehrt – Krankenschwestern gegen Ärzte, Hauptschüler gegen Studenten. Sogar wenn die Kluft zwischen Reich und Arm unerträglich wird, muss demokratische Politik versuchen, mit der Einkommensteuer dagegen anzugehen, aber keinen Hass gegen »die Reichen« zu säen. Donald Trump muss hassen, auch in seiner ersten Rede am 19. September 2017 vor der UNO, die einer seiner Vorgänger mitbegründet hat, um den Hass zwischen Völkern abzubauen. Donald Trump hat seinen ganzen Wahlkampf auf Hass aufgebaut. Er schürte den Hass auf das »Establishment«, den besonderen Hass auf die Vertreterin dieses Establishments, seine Gegenkandidatin Solche Wahlkämpfe hält keine Demokratie lange aus.

Wer das Establishment so abgründig hasst, wer überhaupt so infernalisch hassen kann, ist eine Gefahr für den inneren Frieden, der, seit es Staaten gibt, immer schon das Ziel jeder verantwortlichen Politik war. Wenn mit postfaktischer Politik etwas droht, das ohne den geringsten Respekt vor der Wahrheit und dem politischen Gegner wüten will, dann wird es Zeit, gründlich nachzudenken und umzusteuern.

»Postfaktisch« ist keines von den vielen Adjektiven, die man mit dem Substantiv »Politik« verbinden kann, um eine bestimmte Richtung anzuzeigen. Das Wort »postfaktisch« steht für eine Methode, die Demokratie abzuschaffen.

Trump will dafür sorgen, dass Millionen Amerikaner ihre Krankenversicherung verlieren, dass amerikanische Unternehmen statt 35 Prozent nur noch 20 Prozent Steuer bezahlen, dass der Rüstungsetat der weitaus stärksten Militärmacht noch einmal um 54 Milliarden Dollar erhöht wird. Jedenfalls setzt Trump neue Fakten. Dass er alles, was nach Ökologie riecht, zusammenstreicht und den Klimawandel einfach leugnet, hat er mit der ultrarechten Tea-Party gemein.

IX. Nein, wenn wir im Bereich der Fakten, der Realitäten bleiben, macht Trump eine ultra-rechte Politik, die er so nicht angekündigt hat. »Postfaktisch« bezieht sich nicht auf die Richtung, sondern auf die Methode, genauer die Methode des Machterwerbs.

Diese Methode des Machterwerbs entspricht ziemlich genau

dem, was wir früher »Demagogie« genannt haben. Trump hat einen beträchtlichen Teil der amerikanischen Wähler fanatisiert, und zwar so gründlich, dass man ihnen mit Fakten vorläufig nicht mehr beikommen kann. Die Politik, die er jetzt macht, ist ganz sicher nicht im Sinne der Arbeitslosen in den zerfallenden Industriegebieten, die er fanatisiert hat. Er macht eine Politik, die bei einem Milliardär nicht überrascht. Das Faktum seiner Herkunft und seiner Interessen gilt auf eine geradezu obszöne Weise. Zählt man die Interessen zu den Fakten, dann regiert Trump gar nicht postfaktisch.

»Postfaktische Politik« ist also eine Form des Machterwerbs, die sich abkoppeln lässt vom politischen Handeln, wenn die Macht erworben ist. Die fanatisierten Anhänger bemerken dies, wenn überhaupt, erst, wenn es zu spät ist.

»Postfaktische Politik« bezeichnet auch nicht, wie etwa Sozialpolitik oder Umweltpolitik, ein Tätigkeitsfeld, sondern nur die Methode des Machterwerbs, die vor allem durch das Internet möglich wurde. Sie ist keine Politik, sondern eine Krankheit der Politik, und zwar eine Modekrankheit, weil sie sich mit der Digitalisierung verbindet. Sie ist eine gefährliche Krankheit, weil sie Legalität schafft, der die Legitimität fehlt. Das ist für jede Staatsform gefährlich, für die Demokratie lebensgefährlich.

Man mag sich gar nicht vorstellen, wie einmal die Fanatisierten aus ihrem Gefühlsrausch erwachen und merken, wie sie betrogen wurden. Dann könnte der innere Friede bedroht sein. Allein der Verdacht, es könne wieder »postfaktische Politik« im Spiel sein, wird künftig einen Wahlkampf vergiften können.

[KAPITEL 11]
Verwaltung und Politik

I. VON MAX WEBER (1864–1920), dem bislang wohl einflussreichsten deutschen Soziologen, stammt folgender Satz:

»Was fehlte, war: die Leitung des Staatswesens durch einen Politiker – nicht etwa: durch ein politisches Genie, was man nur alle Jahrhunderte einmal erwarten kann, nicht einmal durch eine bedeutende politische Begabung, sondern: durch einen Politiker überhaupt.«

Max Weber hatte, als er auf das gescheiterte Deutsche Kaiserreich zurückblickte, offenbar andere Sorgen als wir heute. Und er hatte wohl auch einen Anspruch an jeden Politiker, der weit über das hinausreichte, was die meisten Soziologen oder Publizisten heute mit diesem Begriff verbinden. Natürlich hatte auch das preußisch-deutsche Kaiserreich Führungsfiguren, die, vom Kaiser ernannt, wie heute »Kanzler« (damals »Reichskanzler«) genannt wurden. Es gab Minister, es gab Fraktionen im Reichstag und deren Sprecher. Was Weber vermisste – und zwar lange vor dem kläglichen Ende der Monarchie – war eine politische Führung, die nicht aus Beamten bestand, welche auch die Eskapaden ihres Kaisers, seine unsäglichen Interviews und Telegramme grollend und seufzend über sich ergehen ließen, sondern Politiker, die in eigener Verantwortung das mächtige Reich in der Mitte Europas in eine europäische Friedensordnung hätten einfügen können. Bismarck, der für Weber der einzige Politiker war, allerdings einer, der alle anderen politischen Köpfe weggebissen hat, hatte dies noch versucht. Nachdem Wilhelm II seine Flotte bauen ließ, um seinem Reich einen »Platz an der Sonne« zu verschaffen, waren für Weber die Männer, die der Kaiser ernannte, keine Politiker, sondern

Beamte. Und Beamte haben die Pflicht, Weisungen auszuführen, sie lernen nicht, wie man der Politik – und auch noch der eines mächtigen Staates – eine Richtung gibt, die man selbst verantworten kann und die man dann auch gegenüber anderen, und seien sie Monarchen, verteidigt, und zwar so, dass man eher das Amt aufgibt als die politische Überzeugung. Für Weber fehlte es dem Kaiserreich an Politikern, die sagten: »Dies ist nicht die Politik, für die ich bereit wäre, die Verantwortung zu übernehmen.«

Aufgabe der Politik ist es, Ziele zu setzen, die Richtung anzugeben und die Verantwortung dafür zu übernehmen. Da solche Ziele nicht zu bestimmen sind ohne eine Prioritätenliste des Wichtigen, da jede Prioritätenliste auf Wertungen beruht, Wertungen aber mit Werten zu tun haben, weiß der Politiker, dass seine Ziele durch andere anfechtbar sind, die anders werten und denen anderes wichtiger ist. Er weiß auch, dass sich seine Entscheidungen sogar nach seiner eigenen Prioritätenliste als falsch erweisen können, weil eben vieles anders kommt, als er vermutet hatte. Er weiß also, dass er immer Risiken eingehen muss. Das ist dem Typ des Beamten fremd. Er kann, wenn er Gesetze oder Weisungen korrekt ausführt, das – in diesem Rahmen – nachweislich Richtige tun. Dann hat er ein Recht auf Karriere.

Zur politischen Existenz gehört das Risiko, das immer wieder bewusst einzugehende Risiko. Wer da eine sorgfältig geplante, möglichst störungsfreie Karriere abspulen möchte, hat sich in der Hausnummer geirrt. Wenn er Glück hat, findet er rechtzeitig einen erfahrenen Kollegen, der ihm dies sagt. Er wird ihm klarmachen, dass das Risiko beginnt bei dem Machtkampf, ohne den niemand in eine Position kommt, in der er die Richtung bestimmen könnte. Manchmal sind es mehrere Machtkämpfe: einer gegen die andere Partei, einer in der eigenen Partei, noch ein dritter in einer Regierung. Sie alle kann man auch verlieren. Und dann beginnen die Risiken, die jede Entscheidung enthält, die auf die Zukunft gerichtet ist: Was erst einmal richtig schien, kann durch ein unerwartetes Ereignis falsch werden.

II. Was sich für Max Weber von selbst verstand, war die Notwendigkeit einer tüchtigen Verwaltung und damit von Beamten, die, was die Politik beschlossen hat, bis ins letzte Dorf wirksam werden lassen. Verwaltungen waren seit dem 16. Jahrhundert entstanden und sie arbeiteten in Preußen schon im 19. Jahrhundert nach Grundsätzen, die wir heute »rechtsstaatlich« nennen würden. Das Kaiserreich war also schlecht geführt, aber – nicht nur in Preußen – ordentlich verwaltet. Von dieser Verwaltungstradition zehren wir noch heute.

Dabei vergessen wir manchmal, dass die Verantwortung dafür, dass die Verwaltung funktioniert, bei der Politik liegt. Deutlich wird dies da, wo es bisher keine solche Verwaltung gibt: vor allem in den kleineren und ärmeren Entwicklungsländern. Eine Regierung, die sich nicht auf eine solide Verwaltung verlassen kann, ist hilflos. Sie fasst Beschlüsse, die niemand ausführt und die schließlich auch niemanden mehr interessieren. Das Machtvakuum, das so entsteht, füllt sich allerdings sehr rasch. Milizen, Warlords oder einfach kriminelle Banden stecken ihre Herrschaftsgebiete ab, walten und wüten darin nach Gutdünken. So entstehen die »failing states«, also die zerfallenden Staaten, und schließlich die »failed states«, die gescheiterten, man könnte auch übersetzen: die durchgefallenen Staaten, solche, welche die Prüfungen des Machtkampfes nicht bestanden haben. Ihr Kennzeichen ist die ganz und gar gesetzlose, grausame Gewalt. Wo ein Staat sein Gewaltmonopol schließlich nicht mehr durchsetzen kann, wo die Gewalt sich entstaatlicht und privatisiert, fließt viel Blut. Das gilt für Länder, die noch nie ein wirklicher Staat waren wie der Südsudan oder Somalia, für riesige, nahezu unregierbare Länder wie die Republik Kongo, inzwischen aber auch für ehemalige Diktaturen wie Libyen, wo es zwar gelang, den Diktator zu töten, nicht aber, eine neue, bessere Ordnung aufzubauen. Ähnlich lief es in Syrien, wo inzwischen eine Mehrheit der verängstigten Bevölkerung, soweit sie nicht das Land verlassen hat, den verhassten Diktator dem absoluten Chaos vorzieht. Im Irak ist es den USA gelungen, einen Diktator zu beseitigen, einen willkürlich zurechtgeschnittenen Staat irreparabel zu verletzen und eine wichtige Weltregion in Chaos zu stürzen.

Die Vorstellung des jüngeren Bush, man könne in einem Land tabula rasa machen und dann auf dieser tabula rasa eine Musterdemokratie aufbauen, ist von einer Naivität, die, verglichen mit dem, was Politik zu leisten hat, das Kriminelle streift.

Verantwortliche politische Reform lässt Verwaltung, Justiz und Polizei intakt. In einem demokratischen Staat werden sie die Gesetze einer neuen Mehrheit genauso respektieren und exekutieren, wie sie sich an die der alten gehalten haben. Nichtdemokratische Staaten lassen sich sehr viel leichter durch Gewalt zerstören, als in demokratische zu verwandeln. Einen Staat zu zerstören, ist für eine Weltmacht nicht schwierig. Einen Staat (wieder) aufzubauen, kann Jahrzehnte dauern oder auch definitiv misslingen, wenn die entstaatlichte Gewalt sich einmal etabliert hat und die einzelnen Gewalthaber sich gegenseitig bekämpfen.

III. Erste Pflicht jeder Politik ist es, den Kampf aller gegen alle zu vermeiden oder zu beenden und eine große Zahl von Menschen – meist sind es Millionen – zu einem friedlichen Nebeneinander und schließlich Miteinander zu bewegen, das durch anerkannte Gesetze geregelt ist und die Anwendung von Gewalt nur denen erlaubt, die über die Einhaltung dieser Gesetze wachen. Jeder Staat gewinnt an Stabilität und Qualität, je weniger er selbst Gewalt einsetzen muss und je weniger die notwendige Ordnung die Bürgerfreiheit einschränkt.

Als im Westfälischen Frieden 1648 der moderne Staat zur Norm erklärt wurde, bekam er neben dem Gewaltmonopol das jus ad bellum zugesprochen, das Recht, gegen einen anderen Staat Krieg zu führen. Dieses Recht wurde erst 1928 durch den Briand-Kellog-Pakt auf ein Recht der Selbstverteidigung begrenzt, was weder den Zweiten Weltkrieg noch diverse Kriege danach verhindert hat. Seit dem Jahr 2014 jedoch gibt es – und das muss überraschen –

keinen Krieg mehr zwischen den knapp 200 Staaten dieser Erde, dafür ausufernde Gewalt innerhalb von Staaten. Die Versuche souveräner Staaten, dieses Gewaltchaos zu beenden, scheitern meist sehr rasch. Sie können die Verwirrung noch steigern.

Politik hat offenbar immer mit Leben und Tod zu tun. Politikversagen bedeutet immer Tod für unzählige Menschen. Sie müssen sterben, wenn Politik in den Krieg führt oder den Staat zerfallen lässt.

Während über Jahrhunderte das Töten ganz überwiegend im Rechtsrahmen des Krieges stattfand, sind im 21. Jahrhundert bisher weit mehr Menschen im Gewaltchaos zerfallender Staaten umgekommen als in Kriegen zwischen Staaten. Spätestens im zweiten Irakkrieg der Vereinigten Staaten wurde klar, dass ein militärischer Sieg, auch wenn er von weit überlegenen Streitkräften eindeutig errungen wurde, sich als politische, strategische, moralische, ja sogar ökonomische Niederlage erweisen kann. Nicht jeder Krieg wird so töricht vorbereitet, so kriminell begründet, hat so unrealistische Ziele wie der Irakkrieg des jüngeren Bush. Aber für jeden besteht heute die Gefahr, dass der wirkliche Sieger entstaatlichte, privatisierte Gewalt ist. Im Irak ist es das Morden schiitischer und sunnitischer Fanatiker, die oft das eigene Leben opfern, um möglichst viele Feinde – die sie oft für Feinde Gottes halten – mit in den Tod zu nehmen. Nach Angaben der UNO fielen 2013 dieser Gewalt 7 818 Menschen zum Opfer. Auch im zerfallenden Staat Syrien hat der Bürgerkrieg, der inzwischen auch zum Gewaltchaos geworden ist, nicht weniger Opfer gefordert als im 20. Jahrhundert ein Krieg zwischen Staaten. Das gilt sogar für den Drogenkrieg in Mexiko.

Seit es Politik gibt, haben Menschen für politische Leidenschaften, politischen Übermut, politische Ideologien, aber auch für politische Kaltschnäuzigkeit und politischen Schlendrian ihr Leben lassen müssen. Im 21. Jahrhundert dürfte die größte Gefahr in einer Mischung aus marktradikaler Ideologie und administrativer Schlamperei und Korruption bestehen. Es waren sehr schwachbrüstige Staaten in Afrika oder Lateinamerika, denen der internationale Währungsfonds (IWF) eine Schlankheitskur verordnet hat, die dann zum schwindsüchtigen, zerfallenden Staat geführt hat. Die Menschen dort wurden dabei nicht frei, sondern vogelfrei.

In Europa schützt uns eine traditionsreiche, eingespielte Verwaltung – zumindest vorläufig – vor dem Staatszerfall. Wenn die politischen Parteien einmal besonders lange brauchen, um eine Regierung zu bilden, wird eben einige Monate lang nur verwaltet. Aber wir sollten nie vergessen, dass sich eine gut geschulte Verwaltung, eine sorgfältig ausgebildete Polizei, eine nicht korrupte Justiz nicht von selbst versteht. Dass es sie gibt, gehört zu den Pflichten der Regierung.

Politik ist nicht Verwaltung. Aber zu ihren Aufgaben gehört eine korrekte, saubere, effiziente und überdies menschenfreundliche Verwaltung. Wo es sie gibt, oft seit Jahrhunderten, kann die Politik nicht völlig versagt haben.

Es soll Politiker geben, die ihre Aufgabe vor allem in der Verwaltung des Bestehenden sehen. Sogar wenn sie sich da täuschen, haben sie nicht nichts getan.

IV. Im Grenzbereich zwischen Politik und Verwaltung bewegt sich die Ministerialbürokratie. In jedem Ministerium gibt es Aufgaben, die eher der Verwaltung, andere, die mehr der politischen Führung zuzuordnen sind. Da die Ministerinnen und Minister oft wenig Verwaltungserfahrung mitbringen, hat jedes Ministerium einen beamteten Staatssekretär.

Dass bei einem Regierungswechsel die Staatssekretäre – die parlamentarischen wie auch die beamteten – ausgewechselt werden, versteht sich von selbst. Auch die Abteilungsleiter kann der neue Chef als »politische Beamte« beibehalten oder in den einstweiligen Ruhestand versetzen lassen. Alle übrigen Beamten bleiben, wo sie sind, sie können höchstens innerhalb des Ministeriums versetzt werden.

Dies bedeutet, dass ein neuer Minister erst einmal das Vertrauen und den Respekt eines in Jahrzehnten gewachsenen Ministeriums gewinnen muss. Fleiß, Lernbereitschaft und Bescheidenheit können dabei helfen, Kritik an Vorgängern kann nur schaden. Nicht, was der Neue ganz anders und natürlich viel besser machen will, interessiert, sondern ob er dumme oder kluge oder gar keine Fragen stellt. Nach zwei oder drei Monaten spürt man, ob das Ministerium nur arbeitet, weil es dafür schließlich bezahlt wird oder, ob es seinem Minister zeigen will, was es kann.

Während die meisten Beamten nach einem Ministerwechsel tun, was sie immer getan haben, gibt es einige Referate, die Gedanken, Wünsche und Weisungen der Leitung zu politischen Strategien oder Grundsätzen auszuarbeiten haben. Diese Referate werden meist neu besetzt, sogar dann, wenn der neue Chef derselben Partei angehört wie der alte. Hier handelt es sich meist um Parteifreunde, die dem Minister bekannt sind. Ansonsten tut ein Minister gut daran, Parteizugehörigkeiten, sofern er sie kennt, zu übersehen und von allen dasselbe Engagement für die gemeinsame Sache zu erwarten. Schließlich muss er jederzeit in der Lage sein, einer anderen Regierung ein arbeitsfähiges Ministerium zu übergeben.

In dem Ressort, das ich sechs Jahre lang zu leiten hatte, haben sich – seit seiner Gründung 1961 – alle Minister – und natürlich auch die beiden Ministerinnen – an diese Regeln gehalten. Nur einer – und der kam ausgerechnet aus einer Partei, die anschließend aus dem Bundestag flog – hat versucht, das Ministerium durch eine aufreizend einseitige Personalpolitik und üppige Kritik an der Vorgängerin parteipolitisch einzufärben. Insgesamt aber lässt sich die demokratische Reife der Bundesrepublik auch daran ablesen, wie reibungslos Regierungswechsel ablaufen, auch in den einzelnen Ministerien.

Was in einem Land, das immer seine Mühe hatte, zwischen Verwaltung und Politik zu unterscheiden, nicht überrascht, ist das zweifelnde Staunen, wenn eine tüchtige Arbeitsministerin in der nächsten Regierung das Verteidigungsressort, der Generalsekretär einer Partei das Gesundheitsministerium übernimmt, obwohl er als Qualifikation dafür allenfalls angeben kann, dass er selbst ganz gesund ist. Beide haben eine Zeit der Einarbeitung vor sich, die ihnen wenig Schlaf lässt. Und sie werden in ihrer Amtszeit jeden Tag etwas dazulernen. Trotzdem wird sich ihr Erfolg oder Misserfolg nicht daran entscheiden, wie viele Wochen sie brauchen, um eine Besprechung der Abteilungsleiter ohne die Hilfe des Staatssekretärs zu überstehen. Der – in der Truppe – beliebteste Verteidigungsminister war wohl ein gelernter Gewerkschafter, Georg Leber. Nicht, weil er alles wusste, sondern weil er selbstbewusst fragte. Und weil man immer wusste, woran man mit ihm war. Sein Lob war so eindeutig wie seine Kritik, seine Weisungen ließen keinen Zweifel. Meistens redete er nicht mehr, als unbedingt nötig war. Und vor allem: die Soldaten – vom General bis zum wehrpflichtigen Rekruten – hatten das Gefühl: Wir sind seine Soldaten, er schätzt uns, unser Ärger ist auch sein Ärger.

V. Die Verwaltung braucht Frauen und Männer, die sich vor allem durch Gewissenhaftigkeit, Sachkenntnis, Kollegialität, Loyalität und Pflichtbewusstsein auszeichnen. Einem Minister, einer Ministerin schadet es nicht, wenn sie auch von diesen Tugenden etwas verspüren. Aber von ihnen erwartet man auch, dass sie wissen, was sie wollen und dies vermitteln können, dass sie die Aufgabe des Ministeriums im Kabinett und nach außen zu vertreten wissen, und dass sie, als Politiker, die Grenze dessen erkennbar machen können, was man ihnen zumuten kann und was nicht. Der Verwaltungsbeamte muss, solange nicht Rechtswidriges von ihm verlangt wird, gehorchen. Minister und Ministerinnen dürfen nicht gehorchen, wenn sie etwas für eindeutig falsch und schädlich halten.

Deshalb hat der Beamte ein Recht auf Karriere, der Politiker nicht.

[KAPITEL 12]

Wenig beachtet: Die Kommunalpolitik.

I. **DEMOKRATISCHE POLITIK HAT DAMIT ZU TUN,** wie Menschen leben wollen und was sie tun können, damit sie so leben können, wie sie leben wollen.

Nirgendwo ist das sichtbarer als in der Kommunalpolitik. Nicht von ungefähr sind die schönsten alten Städte in Deutschland entweder Reichsstädte oder Hansestädte. Beide haben sich praktisch über viele Jahrhunderte selbst verwaltet. Die Reichsstädte hatten oft über ein halbes Jahrtausend nur den Kaiser über sich, der weit weg, kaum zu erreichen war und meist nur tätig wurde, wenn eine Partei in der Stadt eine andere beim Kaiser verklagte. Sofern der Kaiser überhaupt antwortete, konnte es Jahre dauern.

In der politischen Theorie kommt Kommunalpolitik nur am Rande vor. Für die meisten Bürgerinnen und Bürger ist sie wichtiger als das, was sich in der Landeshauptstadt oder auch in der Bundeshauptstadt abspielt. Wenn wir in Deutschland immer noch ein dichtes Netz von regionalen Tageszeitungen haben, dann, weil sie über Redaktionen verfügen, die sich in der Kommunalpolitik des Verbreitungsgebiets auskennen. Wer sich in seiner Stadt wohlfühlt, wer das Gefühl hat: Hier bin ich zuhause, hier gehöre ich hin, die Oberbürgermeisterin mag ich, der Marktplatz ist wunderschön, das Hallenbad immer sauber, im Stadtrat geht es lebendig, aber gesittet zu, dem ist schon ein Stück Lebensqualität zugewachsen, das sich durch andere Annehmlichkeiten kompensieren, aber durch nichts ersetzen lässt.

In den Gemeindeordnungen der Bundesländer steht überall ein Paragraf, den man den »Grundsatz der Allzuständigkeit« nennt und der in der Gemeindeordnung Baden-Württembergs folgenden

Wortlaut hat: § 2(1) »Die Gemeinden verwalten in ihrem Gebiet alle öffentlichen Aufgaben allein und unter eigener Verantwortung, soweit die Gesetze nichts anderes bestimmen.« Das heißt in der Praxis: Es gibt keine festen Grenzen für Kommunalpolitik. Ein Bürgermeister darf auch Phantasie haben. Er kann etwas zur öffentlichen Aufgabe machen, woran andere gar nicht denken. Er kann ein Netz von Fahrradwegen anregen – beschließen kann es nur der Gemeinderat –, er kann versuchen, in seiner Stadt, unabhängig von den Stromkonzernen, eigene Energiepolitik zu betreiben – wenn er den Gemeinderat dafür gewinnen kann. Und er kann in seiner Stadt – nicht nur im Gemeinderat – eine Diskussion darüber anregen, wie die Stadt in zehn Jahren aussehen soll, was sich aus der einen oder anderen vernachlässigten Ecke noch machen lässt.

Inzwischen sehen wohl alle Gemeindeordnungen die Direktwahl der Bürgermeister vor. Sie sind Chefs der Verwaltungen, manchmal haben sie dazu noch den Vorsitz – und Stimmrecht – im Gemeinderat. Sie verfügen über alle exekutiven Kompetenzen, und zwar durch direkte Volkswahl. Sie haben eine starke Stellung – auf Dauer aber nur, wenn sie wissen, wie man mit selbstbewussten Gemeinderätinnen und Gemeinderäten umgeht.

II. Wer den kommunalen Streit um ein Einkaufszentrum auf der grünen Wiese nicht naserümpfend als Krähwinkelei abtut, sondern die Leidenschaften ernst nimmt, die da wirksam werden, der wird alles finden, was Politik ausmacht.

Da sind natürlich wie überall, wo es politisch wird, Interessen: Da gibt es Investoren, die dort Geld verdienen, Grundstücksbesitzer, die günstig – manchmal auch gar nicht – verkaufen wollen, da gibt es Arbeitslose, die sich dort eine Beschäftigung erhoffen, vielleicht einen Stadtkämmerer, der die fällige Gewerbesteuer brauchen könnte, aber natürlich auch Geschäftsleute aus der Innenstadt oder aus Nachbargemeinden, die um ihren Umsatz bangen.

Aber neben den Interessen, oft auch damit verbunden, kommen Wertungen ins Spiel: Wie groß ist der Schaden, wenn wieder einmal eine Wiese betoniert, eine besonders schöne Linde gefällt, der Blick auf die Altstadt verbaut wird? Wäre es wirklich ein Erfolg, Kaufkraft von anderen Gemeinden abzuziehen? Ist ein solcher Standort-Wettbewerb zwischen Gemeinden einer Region vernünftig? Wie lästig ist der zusätzlich entstehende Autoverkehr? Wieviel Rücksicht ist angebracht auf Alte, Behinderte oder Arme, die eben nicht mit dem Auto einkaufen können oder gar auf ein paar Eigenbrödler, die das zwar könnten, aber nicht wollen? Wie wichtig ist es anzunehmen, dass durch weitere Betonierung die Gefahr von Überschwemmungen im Tal zunehmen muss?

Weil all das unterschiedlich gewichtet und gewertet werden kann, ist Streit unvermeidbar. Aber schließlich spielen auch konträre Vorstellungen von Gemeinwohl hinein, also politische Richtungen. Wer das Gemeinwohl vor allem dadurch gefördert sieht, dass die heimische Wirtschaft wächst, wird anders votieren als jemand, der ein präzises Leitbild von Urbanität hat, der darauf besteht, dass Stadt und Markt immer zusammengehörten, dass es die Stadt ohne den Markt nicht geben könne und dass daher das Einkaufzentrum weit draußen die Urbanität gefährde.

Wo aber Interessen, Wertungen, Vorstellungen von Gemeinwohl und damit politische Richtungen so aufeinanderprallen, dass oft nicht feststellbar ist, wo das eine aufhört und das andere anfängt, da ist Politik. Politisch wird ein solcher Streit auch dadurch, dass er verbindlich entschieden werden muss, sei es durch den Gemeinderat, sei es durch einen Bürgerentscheid, wie er in vielen Kommunalverfassungen vorgesehen ist. Das Zentrum wird entweder gebaut oder es wird untersagt. Dazwischen gibt es nichts. Die einen gewinnen, die anderen verlieren. Und die Verlierer müssen zusehen, wie geschieht, was sie für falsch halten oder auch nicht geschieht, was, wie sie meinen, nötig gewesen wäre. Auch das gehört zur Politik.

Vor allem aber geht es darum, wie Menschen leben und wie sie, ganz entschieden, nicht leben wollen. Da gibt es Leute, die möchten dort, wo das Einkaufszentrum und seine Parkplätze entstehen sollen, ihren Abendspaziergang machen und andere, die sich schon darauf freuen, wie sie dort bequem ihre schweren Gemüsekisten ins Auto karren können. Da gibt es Ältere, die seit sechzig Jahren in der Altstadt eingekauft haben und nun fürchten, dort könnten einige der Geschäfte schließen, an die sie sich gewöhnt haben. Es stellt sich heraus, dass keineswegs alle dasselbe meinen, wenn sie von ihrer Stadt sprechen. Was ihre Stadt ist, hängt davon ab, wie sie sich ihr Leben in der Stadt vorstellen und wünschen. Dieses Vorstellen und Wünschen, aus dem sich das Werten ergibt, das Ja oder Nein zu ganz bestimmten Projekten, ist politisch. Politik ist wertendes Streiten vor verbindlichem Entscheiden.

III. Wo ein von Hause aus kommunaler Konflikt sich auf ein ganzes Bundesland auswirkt, können Leidenschaften angefacht werden, die auch abgebrühte Politiker erschrecken lassen, zumal dann, wenn der Eindruck entsteht, »die da oben« kümmerten sich eben nicht um das, was »die da unten« dachten, befürchteten, für töricht hielten, ablehnten, bekämpften. Dieser Eindruck verfestigte sich in Stuttgart, als ein Volksbegehren gegen den unterirdischen Hauptbahnhof, das mehr als das Doppelte der nötigen Unterschriften auswies, auf eine – juristische – Weise abgewimmelt wurde, die von den Initiatoren als trickreich und unfair eingestuft wurde. Alle »da oben« waren für »Stuttgart 21«, die Industrie- und Handelskammer, die Unternehmerverbände, alle politischen Parteien – außer den Grünen–, die örtliche Presse und – so schien es – auch die Gerichte.

Konflikte zwischen »oben« und »unten« sind in der Demokratie nicht vorgesehen, denn ganz oben steht schließlich das Volk, der Souverän. Wo aber beträchtliche Teile dieses Souveräns sich übergangen oder gar betrogen fühlen, verwandeln sich kritische Musterdemokraten in »Wutbürger«, die zu Zentausenden das »Lügenpack« verfluchen, das sie meist selbst gewählt haben.

Eine Volksabstimmung im ganzen Land, viel zu spät abgehalten, hat eine Mehrheit für den unterirdischen Bahnhof ergeben.

Aber die Stadt ist immer noch gespalten. Daraus lassen sich allerlei Schlüsse ziehen, zuerst natürlich für die Planung von Großprojekten. Dann aber auch für die Wünschbarkeit von Plebisziten. Ist es nicht ratsam, dem demokratischen Souverän immer wieder, und zwar rechtzeitig zu zeigen, dass er der Souverän ist? Nicht nur in den Gemeinden – da geschieht das oft und führt meist dazu, dass die Unterlegenen sich mit ihrer Niederlage abfinden. Wenn in den Bundesländern – außer in Bayern – kaum landespolitische Volksentscheide zustande kommen, dann meist, weil die verfassungsrechtlichen Hürden vor dem Plebiszit viel zu hoch sind. Das lässt sich ändern. Und wenn es im Bund Plebiszite gäbe, vielleicht nur eines alle vier Jahre, so könnte das dem Ansehen der Politik nur nützen. In der Schweiz wird über Politik und Politiker sehr viel differenzierter – und wohl auch sachkundiger – gesprochen, weil die Schweizer Stimmbürger immer wieder erfahren, was es heißt, zwischen Alternativen abzustimmen, bei denen keineswegs alles für die eine und nichts für die andere spricht. Wer selbst in letzter Instanz über das entscheiden kann, was »die Politiker« selbst schon entschieden haben, neigt auch nicht mehr zu der Vorstellung, es gebe eine »politische Klasse«, welche den politischen Streit nur vortäusche, in Wirklichkeit alles tue, um die »unpolitische Klasse« klein zu halten.

IV. Wie in der Schweiz das Plebiszit, so hat in Deutschland die kommunale Selbstverwaltung eine lange, ehrwürdige Geschichte. In der Gemeinde lässt sich am besten zeigen, was das Gemeinwohl ist. Wenn in einer Kleinstadt die Schulkinder im Winter keinen Sportunterricht bekommen, weil die alte Turnhalle baufällig geworden ist und die Stadt kein Geld für die aufwändige Reparatur oder gar für eine neue hat, dann ist das so lange ein allgemeines Gesprächsthema, bis die Kinder wieder am Barren turnen und an der Stange klettern können. Wenn die letzte Bäckerei, vielleicht sogar das letzte Lebensmittelgeschäft im Dorf zugemacht hat, dann wächst der Druck auf die Kommunalpolitik, für eine bessere Busverbindung in die nächste Stadt zu sorgen. Sie ist dann für alle, die kein Auto haben, lebenswichtig. Die Verkehrsführung in der Großstadt entscheidet darüber, wer gefahrlos die Fenster öffnen kann und wer nicht.

In der selbstverwalteten Gemeinde lässt sich auch am einfachsten erklären, warum wir mit den Steuern, die wir zahlen, einfach das kaufen, was wir als Einzelne oder als Familie nicht kaufen können, was aber oft mehr wert ist als vieles, was wir kaufen. Ein schönes, helles Schulhaus für unsere Kinder können wir nicht kaufen, einen Gehsteig ohne Löcher auch nicht.

In der Gemeinde können wir auch lernen, dass Steuern nicht bedeuten, dass der gierige, unersättliche Moloch Staat den Bürgern »in die Tasche greift«, was ja sonst nur Taschendiebe tun, sondern dass wir alle, je weniger wir verdienen, desto mehr abhängen von dem, was »der Staat«, in dem Fall die Gemeinden, die Kreise, das Land und der Bund für uns tun können. Mit Steuern bezahlen wir das, was wir in keinem Supermarkt kaufen können, was uns aber wichtiger ist als manches, was dort angeboten wird. Nirgendwo können wir das besser lernen als in unserer Gemeinde, unserer Stadt.

Gustav Heinemann hat einmal gesagt: Ich liebe nicht den Staat, ich liebe meine Frau. Einem Staat wie der Bundesrepublik Deutschland kann man das Beste wünschen, sich vor allem verantwortlich fühlen für sein Gedeihen. Eine Stadt kann man lieben, sich jedes Mal freuen, wenn man wieder dort ist. Sie kann Heimat sein.

Kein Wunder, dass viele Deutsche in ihrer Zeitung erst einmal den kommunalen Teil aufschlagen.

[KAPITEL 13]
Politische Parteien

I. IN EINEM DEMOKRATISCHEN STAAT sind die politischen Parteien einerseits Teile der Zivilgesellschaft. Sie haben keinerlei staatliche Rechte. Sie sind – rechtlich – Vereine. Seit 150 Jahren nennen die Sozialdemokraten ihre Ortsgruppen »Ortsverein«. Ein solcher Ortsverein hat keinerlei andere Rechte als jeder Gesangverein. Er hat nur andere Pflichten. Er ist Teil der Zivilgesellschaft, aber mit der Aufgabe, nicht nur politische Willensbildung zu betreiben, sondern auch Kandidaten für die Kommunalwahlen zu wählen, also auf die Kommunalpolitik einzuwirken, indem sie für die Wahl zum Gemeinderat ein Angebot machen. Diese Kandidaten sind zwar meist Mitglieder der Partei, aber sie müssen es nicht sein. Sie können die Verbindung herstellen zu anderen Gruppen der Zivilgesellschaft, etwa Sportvereinen oder kulturellen Initiativen.

Die Parteien sind andererseits die – unentbehrlichen – Bindeglieder zwischen der Zivilgesellschaft und den Organen des Staates, vor allem der Legislative. Landes- oder Bundesparteitage werden ausgerichtet von Delegierten, die an der Basis gewählt wurden. Auch sie haben – abgesehen vom Wahlrecht auf dem Parteitag – nur Rechte, die jedem Bürger und jeder Bürgerin zustehen.

Parteiarbeit ist meist unbezahlte Arbeit. Der Vorsitzende eines Ortsvereins mit 300 Mitgliedern tut seine – oft ausufernde – Arbeit, ohne je einen Euro dafür zu bekommen. Er hat vielleicht den Vorteil, so bekannt zu werden, dass er bei der Kommunalwahl bessere Chancen hat. Ansonsten bringt ihm seine Arbeit – neben viel Ärger – allenfalls die Anerkennung und Dankbarkeit seiner Parteifreunde ein.

Wahrscheinlich haben die Parteien bisher zu wenig aus den Chancen gemacht, die einem Bindeglied zwischen Zivilgesellschaft und Politik zuwachsen. Niemand könnte sie daran hindern, Vertreter von Bürgerinitiativen oder Vereinen zu sich einzuladen, sich deren Sorgen anzuhören, sich mit ihnen auszutauschen. Das könnte manche Sitzung auch etwas spannender machen. Unsere Demokratie wäre stabiler, wenn alle demokratischen Parteien das Doppelte oder Dreifache an Mitgliedern hätten.

II. Seit es politische Parteien gibt, haben sie in Deutschland einen schlechten Ruf. Als sie aufkamen, gab es Fürsten und Könige, später sogar einen Kaiser. Sie repräsentierten den Staat, ihnen galten die Hymnen, die man gerne und mit Pathos sang, sie verkörperten das Gemeine Wohl. Dass es daneben Parlamente, Landtage, schließlich sogar einen Reichstag gab mit Abgeordneten, die keineswegs alle gut auf die angestammte Obrigkeit zu sprechen waren, fanden manche erfreulich, viele jedoch nur störend, ja ungehörig. Im Übrigen konnten die ja nur reden, regieren taten die vom Monarchen eingesetzten Beamten.

Hatten die Parteien bis 1918 wenig Einfluss auf die Exekutive, also auf die Beamten, die wirklich regierten, so bestimmte danach, in der Weimarer Republik, die Mehrheit der Abgeordneten, wer regieren durfte. Das änderte sich häufig, je nach Wahlergebnis, aber auch je nachdem, welche Parteien miteinander koalierten. Das war nicht nach dem Geschmack vieler, die so dachten wie jene freundliche alte Frau, die mir noch in der zweiten Hälfte des 20. Jahrhunderts versicherte, es werde nicht besser »bis wir wieder einen gelernten König« hätten.

Wenn Hitler die »Schwatzbuden« der Parlamente schmähte – und sich selbst nie in ein Parlament wählen ließ –, dann appellierte er an tiefsitzende Ressentiments, die es ihm später erlaubten, alle anderen Parteien zu verbieten, ohne dass Massen auf die Straße gegangen wären.

III. Das Wort »Partei« kommt vom lateinischen »pars« (Teil). Parteien wollen – und sollen – nur Teil der Gesellschaft sein. Wo es nur eine Partei gibt, handelt es sich im strengen Wortsinn um gar keine Partei, denn die eine Partei will ja für das Ganze sprechen, nicht Teil sein. Aber eben damit, dass Parteien bewusst Teile sind – neben anderen Teilen –, haben viele Deutsche ihre Schwierigkeit. Muss nicht, wer Politik machen will, das Ganze im Blick haben, nicht nur einen Teil?

Dabei wird übersehen, dass man als Mitglied, auch als Abgeordneter einer Partei sehr wohl das Ganze im Blick haben kann, ja muss. Je größer die Partei ist, desto leichter wird dies, weil in der Partei dann (fast) alle Schichten der Bevölkerung vertreten sind. Parteien, die mehr oder minder offenkundig nur für einen kleinen Teil der Gesellschaft Politik machen, sogenannte Klientelparteien, bekommen nie eine Mehrheit, müssen also mit anderen Parteien Kompromisse machen. Wenn sie weniger als fünf Prozent der Wähler erreichen, verschwinden sie wieder.

Parteien haben alle mit derselben Gesellschaft zu tun, aber sie haben nicht alle dasselbe Bild von Gesellschaft. Daher ringen sie mit den anderen Parteien um Entscheidungen, die ihrem Gesellschaftsbild entsprechen, die zu der Gesellschaft hinführen, die ihnen vorschwebt.

Parteien haben also verschiedene, manchmal sogar gegensätzliche Entwürfe. Demokratische Wahlen sind dazu da, festzustellen, welcher Entwurf die größte Zustimmung erfährt, aufgrund welches Entwurfs die Mehrheit regiert werden will. Wo die Parteien Kandidaten für ein bestimmtes Amt, etwa das des Bundeskanzlers präsentieren, fragen sie die Wähler auch, von wem sie regiert werden wollen. Im Wahlkreis wird der (oder die) Abgeordnete mit der Erststimme gewählt.

Da – nach jeder demokratischen Verfassung – irgendjemand den Wählern Alternativen bieten muss, ist Demokratie ohne Parteien nicht denkbar. Würde man heute alle Parteien verbieten, ließe aber die Verfassung intakt, so gäbe es morgen allerhand Organisationen, die sich zwar nicht Parteien nennen würden, aber doch nichts anderes wären. Denn wer die Aufgabe, den Wählern Auswahl zu bieten, erfüllen will, wird, ob er es will oder nicht, zur Partei. Die Anti-Parteien-Partei, die immer wieder propagiert wird, hat nur zwei Möglichkeiten: Sie wird entweder zur Partei – wie die anderen – oder sie verschwindet wieder. Die Piraten verschwinden wieder, die Grünen wurden zur Partei.

IV. Den Parteien wird häufig vorgeworfen, dass sie nicht genau das tun, was sie vor der Wahl angekündigt haben. Das hat weniger mit der Verruchtheit der Parteigewaltigen zu tun als mit unserem Wahlsystem. In Großbritannien, wo das Mehrheitswahlsystem gilt, hat – fast – immer eine der beiden großen Parteien eine absolute Mehrheit. Sie kann dann durchsetzen, was sie für richtig hält, ohne Rücksicht auf andere Parteien, auch ohne Rücksicht auf einen Bundesrat oder ein Verfassungsgericht. In Deutschland haben wir – und das will auch die Mehrheit – ein Verhältniswahlsystem. Daher gab es seit 1949 erst einmal (1957) eine absolute Mehrheit. Sonst waren immer Koalitionen nötig, manchmal sogar zwischen mehr als zwei Parteien. Sie müssen dann untereinander ein Regierungsprogramm erarbeiten. Es wird keinem der Wahlprogramme genau entsprechen, auch nicht dem der Partei, die das Kanzleramt innehat. Daraus den Vorwurf der Unzuverlässigkeit oder gar der Wählertäuschung abzuleiten, ist unsinnig. Es gibt allerdings Fälle, in denen er berechtigt ist: Dann, wenn das Regierungsprogramm Festlegungen enthält, die offenkundig kein Kompromiss zwischen Koalitionsparteien sein können, etwa, wenn die eine Partei die Erhöhung der Mehrwertsteuer um zwei Prozent angekündigt, die andere dies abgelehnt hat, beide sich dann aber auf drei Prozent mehr einigen. So etwas lässt sich auch nicht damit rechtfertigen, dass der Finanzminister beim »Kassensturz« Schlimmes entdeckt hat.

Politische Parteien haben noch eine enorm wichtige Funktion: Die Auswahl der Kandidaten für die Parlamente, und zwar vom Gemeinderat bis zum Europäischen Parlament. Die Willensbildung dafür findet statt in den Ortsvereinen oder Ortsgruppen, auch wenn die Aufstellung formal in Wahlkreiskonferenzen oder Parteitagen entschieden wird. Dabei kommt es – darüber wird viel zu wenig gesprochen – auch auf die Größe der Ortsvereine an. Denn sie sind der Filter, in dem die Leute, die – siehe das achte Kapitel dieses Buches – der Psychologe Hans-Joachim Maaz im Auge hat, in den meisten Fällen hängen bleiben. Kommen in einer kleinen Partei nur elf oder gar sieben Mitglieder zur Kandidatenaufstellung und präsentiert sich nur ein Kandidat, dann versagt der Filter. Kommen fünfzig oder gar 150 Mitglieder zusammen, um zwischen zwei oder drei Bewerbern zu entscheiden, dann finden sich Frauen und Männer, die sehr rasch spüren, wo jemand nichts bewirken, wohl aber psychische Defizite überspielen, sie durch öffentliche Aufmerksamkeit kompensieren will. Und wenn dann jemand, der im Ortsverein etwas gilt, den Daumen senkt, erledigt sich von selbst, was tatsächlich eine Gefahr für die Politik werden kann.

So gesehen, haben unsere Parteien viel zu wenige Mitglieder. Die Parteien reden nicht gern davon, dass ihre Mitgliederzahl in den letzten 40 Jahren deutlich geschrumpft ist. Und sie beginnen sich damit abzufinden, dass immer weniger junge Menschen bereit sind, sich an eine Partei zu binden.

V. Einer der Gründe dafür ist die Furcht, gegängelt, ja gleichgeschaltet zu werden, die eigene Identität zu verlieren. Diese Furcht ist – das behauptet jemand nach 60 Jahren Mitgliedschaft in einer großen Partei – unbegründet. Der Reichtum einer Partei besteht ja gerade darin, dass es da unzählige Temperamente, Neigungen, Ansichten, Berufserfahrungen, Fähigkeiten, Lieblingsthemen und Interessen gibt. Ich selbst habe es, als ich der SPD beitrat, als Befreiung empfunden, dass ich da mit Menschen zusammenkam, die von Beruf, Herkunft und Temperament das genaue Gegenteil von mir waren, und ich habe gelernt, Männer wie Georg Leber oder Holger Börner zu bewundern, gerade weil sie ganz anders waren als ich. Eine Partei, auch wenn sie all die Mängel hat, die menschliche Zusammenschlüsse nun einmal haben, kann auch menschlich bereichern.

Wenn sich ein Ortsverein versammelt – und immer kommt nur ein Teil der Mitglieder –, ist dies nur selten so spannend, wie Fernsehshows gerne sein möchten. Aber wer zu der einen oder anderen Streitfrage der Kommunalpolitik eine Meinung hat, kann da Verbündete finden, mit ihnen Aktionen verabreden. Und wer nur zuhört, weiß nachher, was in der Stadt zu entscheiden ist. Und wer einer Abgeordneten die richtigen Fragen zu stellen weiß, erfährt auch manches, was nicht in der Zeitung steht.

Politische Parteien, je älter sie sind, desto mehr, haben eine eigene politische Kultur. Die äußert sich nur selten in uralten Riten, die man, etwas Humor vorausgesetzt, schadlos über sich ergehen lässt. Viel wichtiger sind die ungeschriebenen Gesetze, die den Umgang miteinander regeln. Wer andere verletzt, muss rasch spüren, dass er sich damit selbst verletzt. Wer die Arbeit anderer anerkennt, wird selbst anerkannt, wer junge Parteifreunde ermutigt, gilt mehr, als wer über ihre Frisur die Nase rümpft.

Natürlich gibt es auch Machtkämpfe, die wehtun, aber dabei gewinnt meist nicht der Rücksichtsloseste. Wer sich um Fairness bemüht, hat gute Chancen. Sogar wo eine Intrige gelingt, nützt sie den Intriganten auf Dauer nicht. Kurz: Eine gewachsene politische Kultur ist Gold wert. Wer die Unkultur beobachtet, die meist mit Neugründungen verbunden ist, weiß eine gewachsene Kultur besonders zu schätzen.

VI. Den Höhepunkt einer Diskussionskultur erlebte ich in der Grundwertekommission der SPD, die ich von 1974 bis 1991 zu leiten hatte. In der Mitte der Siebzigerjahre meinten Kritiker, die Sozialdemokratie bestehe aus zwei Parteien, einer ökonomisch, gewerkschaftlich und sozialpolitisch interessierten (rechten) Mehrheit und einer ökologisch, friedens- und entwicklungspolitisch engagierten (eher linken) Minderheit. Natürlich neigten auch die Mitglieder der Grundwertekommission mehr oder minder deutlich zur einen oder zur anderen Gruppierung. Mein Stellvertreter im Vorsitz war der Professor Richard (Rix) Löwenthal von der Freien Universität in Berlin. Er galt – zu Recht – als der intellektuelle – und brillante – Kopf der »Rechten«. Er war 20 Jahre älter als der Durchschnitt der Kommission und hatte seine Vorbehalte gegen manches andere Mitglied – den Vorsitzenden eingeschlossen. So waren seine Beiträge zu Beginn spärlich und meist kritisch. Bis ich vor der Kommission erklärte: »Wir werden keinen Satz veröffentlichen, der nicht die Zustimmung von Rix Löwenthal hat.« Von da an arbeitete der berühmte alte Herr unermüdlich mit an dem, was wir – zur Orientierung der Partei – gemeinsam zu sagen hatten.

VII. Wenn ich nach 60 Jahren aktiver Mitgliedschaft mein Verhältnis zu der Partei beschreiben müsste, über die ich mich tausendmal geärgert habe, ohne auch nur einmal zu bereuen, dass ich ihr beigetreten bin, dann würde sie lauten: Meine Partei hat mir nicht mehr zugemutet als ich ihr. Es wird Sozialdemokraten geben, die sogar davon überzeugt sind, dass ich der Partei mehr zugemutet hätte, als sie mir. Und ich würde darüber nicht streiten, aber die Frage stellen, ob es denn nicht auch dringend nötige, langfristig hilfreiche Zumutungen gegeben habe. Willy Brandt jedenfalls dürfte dies so gesehen haben.

Dass mich manche Hinterhältigkeit bedrückt hat, dass es auch in meiner Partei Genossen gab, die sich der klärenden Diskussion entzogen und dafür solche Journalisten mit fragwürdigen Interna fütterten, die mir ohnehin nicht gewogen waren, will ich nicht überbewerten. Auch das gehört zur Politik. Es gedeiht übrigens in der Provinz, also in der Landespolitik besser als in der Zentrale. Aber dafür habe ich auch viel Solidarität, viel menschlichen Zuspruch, manchen freundschaftlichen Beistand erfahren.

Insgesamt hat mich die Partei menschlich bereichert. Ich lernte immer neue, ganz andere Charaktere kennen, achten und manchmal bewundern. Damit einher ging ernüchternde Selbsterkenntnis: Ich konnte manches, was viele nicht konnten, und es fehlte mir vieles, was andere weit besser konnten.

Schließlich habe ich drei Menschen zuarbeiten können, die mir zum Vorbild wurden, zum Maßstab für das, was ein Politiker ist: Zuerst Gustav Heinemann, dann Fritz Erler und schließlich, ab 1966, Willy Brandt. Was – politisch – aus mir geworden ist, verdanke ich vor allem ihnen.

Alle drei waren immer loyal zur Partei, aber sie hatten immer das Ganze im Auge. Sie wollten der Partei helfen, indem sie das Ganze förderten. Und dieses Ganze war für sie nicht nur die Bundesrepublik Deutschland, sondern auch die europäische Gemeinschaft.

[KAPITEL 14]
Gesinnung und Verantwortung

I. POLITIK UNTERSCHEIDET SICH VOM MARKT DADURCH, dass sie moralisch ansprechbar ist, der Markt nicht. Was immer die Finanzmärkte anrichten, es gibt niemanden, den man dafür persönlich zur Rechenschaft ziehen, ja keine Telefonnummer, bei der man sich beschweren könnte. Wenn die Zinsen für die Staatspapiere eines Landes immer weiter steigen, dann spiegeln sie die Sorgen der Anleger. Natürlich sind das auch Menschen, die einen Namen und eine Adresse haben, aber es sind Tausende und sie tun ja nichts Unrechtes, sie kaufen die Papiere eben erst, wenn der Zins das Risiko ausgleicht.

Die Politik ist zwar keineswegs immer moralisch, aber immer moralisch ansprechbar, beurteilbar, kritisierbar. Sie will sich sogar moralisch rechtfertigen. Stellt sich eine Abgeordnete einem oder zwei Dutzend ihrer Wähler, erzählt ihnen, was sie im Bundestag getan hat, warum sie einem Gesetz zugestimmt, das andere abgelehnt hat, dann kann sie sehr wohl hören, dies und jenes sei »eine Schweinerei«, etwas anderes sei »unanständig« oder gar, mit dem Ja zu einer Entsendung von Soldaten habe sie ihr Bekenntnis zum Frieden »verraten«. Auch wenn gegen solche moralischen Urteile einiges einzuwenden ist: Dass auch ihr politisches Handeln einer moralischen Verurteilung – oder auch Bestätigung – immer zugänglich, man könnte auch sagen unterworfen, ist, kann und will sie nicht bestreiten. Solche Urteile kann sogar die Geschichtsschreibung fällen, wenn sie etwa feststellt, das Ja liberaler Abgeordneter zu Hitlers Ermächtigungsgesetz sei feige, ja unverantwortlich gewesen.

Dabei ist für einen Politiker die Kritik, »unverantwortlich« gehandelt zu haben, wohl noch verheerender als die, »feige« gewesen zu sein. Denn man erwartet von ihm, dass er sich immer der Verantwortung bewusst ist, die ihm sein Mandat zuweist, vielleicht auch aufbürdet.

II. Wer sich in Deutschland in die Politik wagt, kennt meist jenen Vortrag aus dem Januar 1919, den der zornige, aufgebrachte Max Weber vor Studenten über Gesinnungs- und Verantwortungsethik gehalten hat. Da hat nicht ein Stubengelehrter seine Studenten wissen lassen, was er über die Jahre im Studierzimmer an neuen Erkenntnissen angesammelt hat, da hat ein leidenschaftlich politischer Mensch mit Leuten abgerechnet, die, wie er meinte, für die Politik – gerade jetzt in einer revolutionären Zeit – noch weniger geeignet waren als die kaiserlichen Beamten, denen er letztlich die Verantwortung für die deutsche Misere zuschrieb. Da fiel sogar der Ausdruck »Windbeutel« für die Leute, denen er nur eine Gesinnungsethik zubilligte. Und doch hat damals der zornige Max Weber eine Debatte eröffnet, die noch nicht zu Ende ist: Die über Gesinnung und Verantwortung in der Politik. Diese Unterscheidung kann nämlich einen guten Sinn haben, wenn man sie vorsichtig und selbstkritisch anwendet.

Sie kann auch fatale Folgen haben.

Vielleicht lässt sich diese Debatte schon dadurch versachlichen – und gleichzeitig vermenschlichen –, dass man festhält oder auch zugibt, dass es Verantwortungsethik nicht nur in der Politik gibt. Wenn eine junge Mutter, die ihre dreijährige Tochter über alles liebt und ihr immer gern eine Freude macht, irgendwann sagt: »Jetzt ist Schluss mit Süßigkeiten!« und sich auch durch das Weinen der Tochter nicht umstimmen lässt, handelt sie »verantwortungsethisch«. Sie liebt die Kleine, würde alles für sie tun – das wäre wohl ihre Gesinnung –, aber sie weiß, dass zu viel Süßes ihr nicht gut tut. Sie denkt auch an die Zukunft ihrer Tochter. Also sagt sie Nein, auch wenn die Tochter ihr dies – jedenfalls für eine halbe Stunde – sehr übel nimmt.

Verantwortung, zumal für andere Menschen, will ernstgenommen sein, unabhängig davon, wie viele es sind, ob es die Verantwortung einer Erzieherin, eines Trainers, eines Offiziers oder eines Ministers ist. Und diese Verantwortung kann zu Entscheidungen führen, die der »Gesinnung« scheinbar widersprechen. So kann die Abgeordnete, der ein – wahrscheinlich pazifistisch gesonnener – Kritiker »Verrat« vorgeworfen hat, weil sie der Entsendung von Soldaten in den Kosovo zugestimmt hat, entgegenhalten, diese Soldaten sollten dort eben nicht schießen, sondern Kosovaren und Serben am Schießen hindern. Ihre Aufgabe sei nicht der Krieg, sondern der Friede. Also kann sie, auch wenn sie gegen die Raketen protestiert hat, die Entsendung der Soldaten verantworten.

Natürlich haben auch Menschen, die »verantwortungsethisch« entscheiden wollen, eine »Gesinnung«. Nur ergibt sich daraus noch nicht direkt, wie sie handeln. Eine Politikerin kann sehr wohl »sozial« gesonnen, überzeugte Sozialpolitikerin sein, aber deshalb braucht sie nicht jeder Rentenerhöhung zuzustimmen, schließlich muss ja jemand sie bezahlen. Und auch die Jungen, die in die Rentenkasse einzahlen, fordern Gerechtigkeit.

III. War Theodor Storm ein Gesinnungsethiker, als er dichtete:
»Der eine fragt, was kommt danach,
Der andre, was ist recht,
Und also unterscheidet sich
Der Freie von dem Knecht.«

Sollen wir nach unserem Rechtsbewusstsein das Rechte, Richtige tun, immer »Treu und Redlichkeit üben«, ohne zu überlegen, was daraus wird? Wahrscheinlich hat Storm mit dem »Was kommt danach« gemeint: Was kommt danach für mich? Habe ich davon Vorteile oder nur Ärger? Sobald wir fragen: Was danach kommt für die Menschen, für die wir verantwortlich sind, denken wir verantwortungsethisch. Vielleicht sind wir dann wirklich Knechte dieser

Frage: Was kommt danach für meine Kinder? Für meine Schüler? Für meine Arbeiter? Für die Soldaten meiner Kompanie? Für die Bürger und Bürgerinnen meiner Stadt oder gar meines Landes? Die Frage lässt sich nicht abschieben, sie bindet uns, sie schränkt unsere Entscheidungsfreiheit ein. Aber eben: Sie muss es tun, wenn wir unserer Verantwortung gerecht werden wollen.

Dabei wird uns eine wirklich befriedigende Entscheidung meist dadurch verwehrt, dass wir die Frage nach dem »was kommt danach?« gar nicht mit letzter Sicherheit beantworten können. Wir kennen die Zukunft nicht. Wir können die verschiedenen Möglichkeiten durchdenken, aber es kann auch ganz anders kommen, wir können uns irren. Und dann sind wir unserer Verantwortung nicht gerecht geworden. Nicht, weil wir »Windbeutel« wären, sondern weil wir Menschen sind.

Verantwortungsethik ist also keine Geheimwissenschaft, die Politikern enthüllt wird oder zuwächst, wenn sie wichtige Positionen erreicht haben. Sie ist eine Dimension jeder Ethik. Sie schließt »Gesinnungen« – vielleicht sagen wir besser »Überzeugungen« – nicht aus, im Gegenteil, sie setzt sie voraus. Aber sie besteht darauf, dass zwischen der Überzeugung und der Entscheidung noch eine Abwägung nötig ist: Was sind die wahrscheinlichen Folgen meines Handelns? Kann ich sie verantworten?

Dass die Kanzlerin Angela Merkel in den Jahren 2015 und 2016 zum ersten Mal deutlich an Zustimmung verlor, hat mit unserem Thema zu tun. Die meisten Deutschen schätzten an ihr, dass sie ohne Eitelkeit ihre Arbeit tat und nie die Meinung – und den Geldbeutel – ihrer Wähler aus dem Blick verlor. Dass sie den griechischen Ministerpräsidenten demütigte, indem sie ihn zwang, genau das Gegenteil dessen zu tun, was er im Wahlkampf verfochten hatte, gefiel sogar vielen: Warum gaben sich diese Griechen nicht mehr Mühe? Diese Kanzlerin konnte nicht mitreißend reden, vielleicht wollte sie es gar nicht. Aber sie vertrat, ganz unsentimental, manchmal sogar zäh und mit Ellbogen, unsere Interessen. Und vor der Wahl musste sie nur sagen: »Sie kennen mich ja!«

Ausgerechnet diese Kanzlerin, deren Europapolitik auf Wettbewerb, nicht auf gegenseitige Solidarität getrimmt war, ließ nun hunderttausende von Flüchtlingen ins Land und weigerte sich zu sagen, wann es denn auch für sie genug wären. Sie sagte einfach: »Wir schaffen das.« Und sehr viele Deutsche opferten Kraft und Zeit, um ihr dabei zu helfen. Das Ausland staunte: Diese Deutschen konnten offenbar nicht nur Autos bauen und Kriege anzetteln. Sie konnten helfen, wo Menschen in Not sind.

Aus München kamen Warnungen: Das kann nicht gut gehen, wenn die Leute nicht wissen, wo die obere Grenze ist, wann wir sagen: Es reicht, mehr geht nicht. Was ist in unsere souveräne Taktikerin gefahren?

Kluge Beobachter meinten bereits, ein Anfall von Gesinnungsethik habe die Kanzlerin verwirrt. Verantwortungsethik verlange, dass man den Wählern nichts zumute, was sie überfordert. Und in München glaubte man zu wissen, dass Angela Merkel den Unionswagen gegen die Wand fährt. Viele Deutsche aus allen Parteien entdeckten an Merkel eine ganz neue Seite und freuten sich. Ja, sie hat richtig gehandelt, als sie die verzweifelten Syrer, Afghanen oder Iraker, die da in Ungarn festsaßen, nach Deutschland kommen ließ. Aber irgendwann kam der Zusatz: Alles Elend der Erde können wir nicht schultern.

Auch wer nicht die Sorgen einer CDU-Vorsitzenden hatte, musste beobachten, wie eine neue Rechtspartei mit populistischen Allüren eine Chance bekam. Wer lautstark erklärte, wir hätten nun genug, ja mehr als genug Flüchtlinge aufgenommen, darunter möglicherweise böse Terroristen, konnte sogar Arbeiter und Arbeitslose anlocken, die im Programm dieser Partei gar nicht vorkamen.

War etwa doch jener Viktor Orban aus Ungarn, den die CSU hofierte, der wirkliche Verantwortungsethiker, wenn er einfach dekretierte: »Wir nehmen keine Flüchtlinge! Mögen diese Leute, die einem höchst verworrenen Gemetzel entkommen sind, sehen, wo sie bleiben!« Sicher nicht für Max Weber: »Orban drückt sich einfach vor seiner Mitverantwortung« wäre wohl sein Kommentar. Weber hätte vielleicht sogar Verständnis für Merkels erste Entscheidung: »Lasst die Leute durch, wir nehmen sie!« Aber dann hätte sie wohl bremsen müssen, solange sie keinen Plan hatte, wie wir das schaffen. Wenn nicht die Kanzlerin, so hätte der Innenminister wissen müssen, wie viele Flüchtlinge pro Monat ordnungsgemäß registriert und auf Quartiere verteilt werden können. Und dann hätte das Kabinett ergebnisoffen darüber diskutieren müssen, wo der Punkt ist, an dem die Stimmung umschlagen könnte.

Verantwortungsethik verlangt deutlich mehr Abwägung als Gesinnungsethik. Sie ist keine Fluchtburg, hinter deren Mauern die Politik sich kritischen Fragen entziehen kann. Sie bedeutet auch nicht, dass Politiker keine »Gesinnung« (besser Überzeugung) haben können. Jeder und jede hat sie. Aber sie reichen nicht aus für eine Entscheidung. Und Politiker müssen, wie alle Menschen, damit rechnen, dass eine ganz andere als die erwartete Zukunft als falsch erweist, was doch so gut gemeint war.

Zu dem, was Verantwortungsethik verlangt, gehört auch eine realistische Sicht auf das, wozu Menschen fähig sind. Und manche sind durchaus fähig, Furcht und Hass, ja Aggressivität zu schüren, wenn es ihnen nützt.

IV. Natürlich sind auch die Medien verantwortlich für das, was sie bewirken – oder anrichten –, auch dann, wenn sie es gar nicht wollen. Wenn der Präsident eines fremden, aber wichtigen und mächtigen Landes etwas tut, was im eigenen Land kaum möglich wäre, so ist Kritik natürlich erlaubt. Aber ein Kritiker, der sich seiner Verantwortung bewusst ist, muss doch auch überlegen, wo seine Kritik verletzt und wo sie die Beziehungen des eigenen Landes zum mächtigen Nachbarland belastet. Der Publizist hat sich also zwei Fragen zu stellen: Ist die Kritik gut begründet? Und: Was wird sie bewirken? Wird sie nur das bewirken, was ich erreichen will?

Es soll Politiker geben, die sich aus ihrem – keineswegs unbedeutenden – Amt verabschieden und in die Wirtschaft gehen mit der Bemerkung: »Ich habe es satt, 24 Stunden am Tag am Pranger zu stehen.« Hat da einer, der immerhin 25 Jahre Politik ausgehalten hat, eine zu dünne Haut? Und wenn, wünschen wir uns als Politiker nur die ganz Dickfelligen? Könnte es nicht sein, dass schließlich das Hauptmerkmal, das gestandene Politiker von Normalbürgern unterscheidet, das dicke Fell ist? Und was halten wir erst von der dickfelligen Politikerin? Ist das dann noch ein Rest von Kompliment oder nur noch abfällig gemeint? Auch Politiker wollen erzogen sein. Es gibt in den Medien immer ein paar gute Pädagogen. Ihre Kritik nimmt sich jeder und jede zu Herzen und fragt sich, ob er (oder sie) Recht hat. Bei anderen – und sie sind zahlreicher – ist die Reaktion: »Wieder das Übliche, war zu erwarten, Schwamm drüber.« Publizisten erwarten, ganz zu Recht, dass Politiker verantwortungsethisch handeln. Ist es vermessen, wenn Politiker auch Publizisten mit diesem Maßstab messen?

V. Zu meiner Biografie gehört, dass ich in den Siebzigerjahren meine Verantwortung anders definiert habe als die Mehrheit der Politiker, auch der Regierungsmitglieder. Der Amtseid, den Minister – bis heute – ablegen müssen, verlangt, »den Nutzen des deutschen Volkes (zu) mehren, Schaden von ihm (zu) wenden.« Für mich hatte sich meine Verantwortung erweitert, und zwar räumlich wie zeitlich. Zeitlich dadurch, dass ökologisches Denken – damals noch keineswegs üblich – weitere Zeiträume umfasst: Es geht um die natürlichen Lebensbedingungen der Kinder, Enkel und Urenkel. Räumlich dadurch, dass ich zuständig für die Entwicklungsländer und das Elend war, das ich bei jedem Besuch in Afrika oder Lateinamerika sehen konnte. So war der Konflikt vorgezeichnet. Willy Brandt hatte dafür Verständnis, sein Nachfolger (noch?) nicht. Was diesen Konflikt, der zu meinem Rücktritt führte, verschärfen musste, war, dass meine veränderte Definition von Verantwortung als Gesinnungsethik wahrgenommen, also missverstanden wurde.

[KAPITEL 15]
Karrieren und Biografien

I. WIR HABEN UNS DARAN GEWÖHNT, politische Karrieren so zu sehen und so zu behandeln wie alle anderen: die in der Wissenschaft, in Justiz und Verwaltung, die in der freien Wirtschaft. Da gibt es Sprossen an der Karriereleiter, in der Wissenschaft die Promotion, die Habilitation, die verschiedenen Stufen der Professur. In der Verwaltung das Studium der Juristerei, das Staatsexamen, das Referendariat, die »ständige Stelle«. Dass dies in der Politik nicht so genau geregelt ist, dass es da unterschiedliche Zugänge gibt, wird kaum bestritten. Aber was bedeutet das? Junge Leute wollen etwas werden. Also machen sie Karriere, und zwar da, wo sie sich am meisten zutrauen.

Was also ist dagegen einzuwenden, wenn junge Leute, welche die Politik lockt, früh überlegen, was zu tun ist, gerade weil es in der Politik keine Zugangsprüfungen, kein Referendariat, keine ständigen Stellen gibt? Vor 50 Jahren war da guter Rat noch teuer. Inzwischen, seit den Abgeordneten des Bundestags allerhand Hilfe, auch durch Assistenten, zugebilligt wurde, werden doch Sprossen einer Leiter erkennbar, jedenfalls für alle, die in der Bundespolitik Karriere machen wollen. Natürlich steht am Anfang ein Studium. Wer nicht einen starken Verband hinter sich hat, wie den Bauernverband oder eine der großen Gewerkschaften, tut sich leichter mit einem abgeschlossenen Studium. Meist ist es die Juristerei, dazu etwas Politologie oder Soziologie. Wer über wirtschaftsnahe Parteien einsteigen will, kommt an der Ökonomie nicht vorbei.

An der Universität haben die demokratischen Parteien ihre Studentengruppen. Unter ihnen wählt man eine aus, in der Regel die Gruppe, der man sich politisch am nächsten fühlt. Der lupenreine

Karrierist weiß auch, wo die meisten Mandate locken oder gar, welche Partei die meisten Mandate pro Mitglied hat, wo also auf relativ wenige Mitglieder relativ viele Mandate kommen.

Auch in der Studentengruppe kann man Beziehungen knüpfen, einer Abgeordneten im Wahlkampf helfen. Nach den Prüfungen beginnt der Wettbewerb um eine Assistentenstelle. Nach einer Bundestagswahl gibt es mehr Chancen als mitten in einer Wahlperiode, denn nun kommen neue Volksvertreter, die sich ihr Team erst aussuchen müssen. Manchmal ist erst die fünfte oder siebente Bewerbung erfolgreich. Aber dann ist man im politischen Geschäft, oft auch überwiegend in der Hauptstadt, wo nun einmal die Musik spielt.

Man kann sich den Ruf eines fleißigen, zuverlässigen Mitarbeiters erwerben, schließlich sogar den eines politischen Kopfes. Nach einigen Jahren weiß man auch, wo für die nächste Wahl neue Kandidaten gesucht werden. Wenn man Glück hat, findet man auch einen Abgeordneten, der aufhören will und sich vorstellen kann, den Delegierten seines Wahlkreises den bewährten Assistenten zu empfehlen. Natürlich sind manchmal mehrere Versuche nötig, manchmal misslingt alles. Aber das ändert nichts daran, dass diese Karriereplanung einen besonderen Reiz hat. (Wenn hier immer die maskuline Form gewählt wurde, dann nicht nur der Einfachheit halber, sondern auch, weil junge Frauen bisher weniger Neigung zur systematischen Karriereplanung zeigen.)

Zur Karriereplanung gehört auch, dass man an der richtigen Stelle das Richtige sagt. Das kann bei der Industrie- und Handelskammer oder beim Bauernverband sein, den Metall-Arbeitgebern oder der IG Metall.

Ist die Karriereplanung erfolgreich, so hat dies zwei Folgen, die der Politik eines Landes eher schaden: Einmal ist da ein Abgeordneter, der keinen eigenen Beruf jenseits der Politik erlernt hat, also auch nicht jederzeit dahin zurückkehren kann, wenn man ihm etwas zumutet, was er sich nicht zumuten möchte. Ein solcher Abgeordneter ist also weniger frei, vor allem gegenüber seiner Fraktion und seiner Partei. Zum anderen neigt dieser Abgeordnete häufig dazu, den Kampf um die Macht auch dann für nötig und richtig zu halten, wenn es nicht mehr darum geht, Positionen zu erringen, von denen aus etwas zu bewirken ist. Der lupenreine Karrierist kämpft notfalls um der Macht willen um die Macht.

II. Allerdings, und das ist tröstlich, ist der Ruf des Karrieristen schädlich, er kann die Karriere verhindern. Die Delegierten, deren Zustimmung ein Kandidat braucht, möchten wissen, wo er steht, wofür er einsteht, was er erreichen, was er verhindern will, wo er flexibel ist, wo nicht, was ihm wichtig ist, was nicht. Und nicht selten merken sie, was Überzeugung ist und was nicht. Wittern sie den Karrieristen, so wählen sie ihn nicht.

In der Wirtschaft sucht man Frauen und Männer, die das wirtschaftlich Vernünftige und Nötige tatkräftig und erfolgreich durchsetzen können. Darauf muss sich einstellen, wer sich in der Wirtschaft durchsetzen will.

In der Politik wird gefragt, was jemand für das politisch Notwendige hält, was für ihn soziale Gerechtigkeit ist oder ob ihm die Marktgerechtigkeit ausreicht, ob er meint, privat gehe immer vor Staat oder ob er das von Fall zu Fall entscheiden will, kurz: Was für Politik er machen will: marktradikale oder sozialdemokratische, konservative oder grüne.

Sicher: Politik ist auch Kampf um die Macht. Aber wo der Eindruck entsteht, hier gehe es um die Macht um der Macht willen, nicht um die Fähigkeit, etwas zu bewirken, und zwar für das Gemeinwohl, hört seriöse Politik auf.

Deshalb gibt es auch genuin politische Überzeugungen oder Entscheidungen, die der Karriere im Wege sein können. Da kann einem Minister ein neues, mächtigeres, karrierefördernde Ministerium angeboten werden und er weist es ab, weil er seine Arbeit im alten Ministerium, in die er sich verkrallt hat, fortführen will. Oder die Bedingungen für seine Arbeit verschlechtern sich so, dass er Max Weber zitieren muss: »Dies ist nicht die Politik, für die ich bereit wäre, die Verantwortung zu übernehmen.« Beides hat der Autor innerhalb von zweieinhalb Jahren erlebt, beides hat – erwartungsgemäß – seiner Karriere Grenzen gesetzt. Aber wenn ganz und gar politische Entscheidungen die Karriere hemmen, ja beenden können, passt dann noch das Wort Karriere? Könnte es sein, dass es in Wissenschaft oder Wirtschaft durchaus Karrieren gibt, in der Politik aber nur Biografien?

III. Zumindest lohnt es sich, den Austausch zwischen den verschiedenen Bereichen, zwischen Wissenschaft und Politik, Wirtschaft und Politik etwas genauer zu betrachten. Wie kommt es, dass anerkannte Wissenschaftler in der Politik oft sehr rasch scheitern? Wissenschaftler suchen die Wahrheit. Sie brauchen dafür viel Zeit und die nehmen sie sich auch. Politiker wissen zwar, wie sehr sie oft von verlässlichen Auskünften und Zahlen aus der Wissenschaft abhängig sind, aber sie selbst sind für Wahrheit nicht zuständig. Sie müssen – und zwar meist unter Zeitdruck – entscheiden, was hier und heute richtig ist. Für einen Wissenschaftler ist dies eine Umstellung, die häufig unterschätzt wird. Wer wöchentlich mehrere zweistündige Vorlesungen zu halten hat, gewöhnt sich nicht so leicht daran, dass in einem politischen Entscheidungsgremium Wortbeiträge von mehr als drei Minuten die Ausnahme, von mehr als fünf Minuten unerwünscht und von mehr als zehn Minuten sogar dann kontraproduktiv sind, wenn sie manches Interessante enthalten.

Nur wenigen Wissenschaftlern wächst so viel öffentliche Aufmerksamkeit zu, dass sie sich über diese Regeln hinwegsetzen können. So konnte – in der ersten Großen Koalition (1966–1969) – der Wirtschaftsminister Professor Karl Schiller jedes Mal, wenn Kanzler Kiesinger dem Finanzminister Strauß das Wort erteilte, auf die Uhr blicken und anschließend fünf Minuten länger als Strauß reden – bis schließlich der frühere Wirtschaftsminister und damalige Schatzminister Schmücker den empörten Zwischenruf – im Kabinett, nicht im Bundestag! – hören ließ: »Sind wir hier in einer Volkshochschule?« Aber auch Schiller hat dann bald bewiesen, dass professorale Eitelkeit und Politik sich nicht vertragen.

IV. Wichtiger noch sind die Wechsel zwischen Politik und Wirtschaft. Dabei fällt zuerst einmal auf, dass es zwar immer mehr Politiker gibt, die in die Wirtschaft abwandern, aber so gut wie keine Vorstandsmitglieder von Dax-Unternehmen sich um ein politisches Mandat bewerben. Dem Sog von der Politik in die Wirtschaft entspricht kein Sog von der Wirtschaft in die Politik. Man tut wohl niemandem Unrecht, wenn man dies auch auf die drastische Minimierung der Einkommen in einem solchen Fall zurückführt.

Gehen Politiker in die Wirtschaft, so lassen sich drei verschiedene Handlungsweisen unterscheiden: Da ist etwa der frühere hessische Ministerpräsident Koch, der sich zutraut, einen Baukonzern zu leiten. Er will offenbar seine Kräfte ausloten: Kann ich auch noch etwas anderes als Politik? Er geht ein Risiko ein: er kann scheitern. Dieser Fall kommt sehr selten vor und verdient Respekt.

Die zweite Form des Übergangs betrifft die Kanzler, die nach ihrer Abwahl noch eine Tätigkeit suchen. In der Politik können und wollen sie nichts mehr erreichen, als einfache Abgeordnete würden sie sich nicht wohl fühlen. Dass Helmut Schmidt Mitherausgeber der ZEIT wurde, hat kaum jemanden gestört. Nun war der Politiker auf die Seite derer gewechselt, die Politik nicht machen, sondern kritisch begleiten. Dagegen war kaum etwas einzuwenden.

Anders verlief die Diskussion bei Gerhard Schröder. Dass er, übrigens, nachdem er seine Nachfolgerin im Kanzleramt konsultiert hatte, den Vorsitz im Aufsichtsrat eines russisch-deutschen Konzerns übernahm, war Gegenstand harter Kritik. Trotzdem war diese Kritik zumindest überzogen. Denn auch diese Übernahme war noch ein Stück Politik. Es war der russische Präsident persönlich, der Schröder bedrängte. Putin wusste sehr wohl, dass für Schröder die deutschen Interessen im Vordergrund stehen. Aber er wollte die ökonomische Partnerschaft festschreiben. Hätte

Schröder auf seinem anfänglichen Nein bestanden, es hätte die deutsch-russischen Beziehungen beschädigt. Und das wollte er nicht. Ihn deshalb zum »Agenten Moskaus« zu ernennen, ist nicht nur unfair, sondern auch unsinnig.

Wirklich problematisch sind die Wechsel in die Wirtschaft, die meist von relativ jungen Politikern vollzogen werden, die dort nicht ihre Kräfte und Fähigkeiten erproben, sondern ungefähr dasselbe tun wollen wie bisher, nur von der anderen Seite. Waren sie bisher Ansprechpartner der industriellen Lobby, warum sollten sie nicht einmal die Seiten tauschen? Zumal wenn die andere Seite ungleich großzügiger bezahlt? Dass man aus dem Kanzleramt ausscheidet, um Cheflobbyist eines Konzerns zu werden, ist nicht verboten, aber anrüchig, und es degradiert die Politik zu einem Geschäft wie jedes andere. Im Kanzleramt, wo die politische Macht sich ballt, muss doch wohl das bonum commune die Richtschnur sein, auch gegenüber den diversen Lobbyisten. Wer da seine Aufgabe ernst nimmt, muss ihnen des Öfteren widersprechen, es sei denn, man glaubt nicht nur, dass, was für General Motors gut ist, auch für die Vereinigten Staaten gut sein muss, sondern auch, was für Daimler gut ist, müsse für Deutschland gut sein. Und so weit sind wir ja noch nicht.

Was bei der Diskussion über Karenzzeiten bisher völlig fehlt, ist die Überlegung, wie dies auf den politischen Nachwuchs wirkt. Könnte bei denen, die politische Karrieren planen wollen, nicht auch die Variante ins Spiel kommen: Erst 15 oder 20 Jahre Politik, bis man genügend vernetzt und genügend weit gekommen ist, um für die Wirtschaft attraktiv zu sein. Dann wird die Politik der Seitenzugang zum großen Geld. Schlimmeres könnte der Politik nicht geschehen.

V. Vielleicht kann man dem nur entgegenwirken, wenn man den Begriff der politischen Karriere ganz in Frage stellt: Hatten Konrad Adenauer oder sein Gegenspieler Gustav Heinemann eine politische Karriere? Oder hatten sie nur eine politische Biografie? Bei

Menschen wie Herbert Wehner von einer Karriere zu reden, klingt fast komisch. Hatte Bismarck eine Karriere? Wenn, dann hat allein der König von Preußen sie zu verantworten. Eine Karriere hatten die Beamten, denen der Deutsche Kaiser hochpolitische Ämter übergab. Aber eben: Waren sie Politiker?

Und trotzdem passt der Begriff Karriere nicht. Hatte Hildegard Hamm-Brücher eine Karriere oder doch eine politische Biografie? Auch Hans-Jochen Vogel, der schon in jungen Jahren zum Oberbürgermeister von München gewählt wurde, hat keine Karriere, sondern eine politische Biografie mit vielen sehr verschiedenen Aufgaben, Widerständen und Konflikten, eine politische Biografie, die mit seinen politischen Ämtern noch lange nicht zu Ende war.

Und schließlich zum Autor dieses Buches: Er hat keine politische Karriere, wohl aber eine politische Biografie. Dabei ist völlig offen, wann sein Einfluss auf die deutsche Politik am größten war. Sicher nicht in der Ministerzeit. Natürlich lässt sich der Rücktritt 1974 als Karriereknick deuten. Aber hat er je mehr Einfluss auf seine Partei gehabt als beim Parteitag in Dresden 2009 mit 83 Jahren?

Kurz: Politiker, die ihre Aufgabe ernst nehmen, haben gar kein Anrecht auf eine Karriere, wohl aber auf eine Biografie. Und vielleicht wird die Biografie umso spannender, je weniger der Politiker – und natürlich auch die Politikerin – an eine Karriere gedacht haben.

[KAPITEL 16]
Auf Leben und Tod

I. **ALS DER WESTFÄLISCHE FRIEDE 1648** den Staat nach dem rechtlosen Chaos des Dreißigjährigen Krieges neu definiert und damit gestärkt hat, gab er ihm ein wichtiges, fast unheimliches Recht: Das jus ad bellum, das Recht, Krieg zu führen, wann immer es dem Herrscher eines Staates nötig oder auch nur opportun erschien. Von einem Unterschied zwischen Angriffskrieg und Verteidigungskrieg war nicht die Rede. Als der junge Preußenkönig Friedrich II. 1740, kurz nach seiner Krönung, seine Armee in das habsburgische Schlesien einrücken ließ, war dies kein Rechtsbruch. Friedrich hat von seinem jus ad bellum Gebrauch gemacht. Und damit auch den Siebenjährigen Krieg von 1756–63 vorbereitet. Tausende von Söldnern, aus halb Europa angeworben, nicht nur für Preußen, sondern auch für Österreich, später auch Frankreich und Russland, mussten sterben, weil der junge König geruhte, von seinem Recht, Krieg zu führen, Gebrauch zu machen.

Der Monarch an der Spitze des Staates war damit auch ein Herr über Leben und Tod. Der Staat, auch der demokratische, ist es, auch bei weniger willkürlichen Kriegen, bis heute geblieben, sogar nach dem Briand-Kellogg-Pakt von 1928, der den Angriffskrieg verurteilte. Es war und blieb das Recht des Staates – und damit der Politik –, junge Menschen für einen möglichen Krieg auszubilden und sie schwören zu lassen, dass sie ihrem Vaterland als tapfere Soldaten dienen und dabei ihr Leben einsetzen wollten.

Zwar hat ein Gericht in Nürnberg 1946 Politiker und Generäle zum Tode verurteilt, auch weil sie den Zweiten Weltkrieg durch den Angriff auf Polen begonnen hatten. Aber ausgerechnet ein amerikanischer Präsident hat 2003 mit erlogenen Begründungen den

Irak angegriffen und damit das bis heute anhaltende Chaos im Nahen Osten ausgelöst. Dass ein amerikanischer Präsident damit auch das Nürnberger Tribunal abgewertet hat, ist bisher kaum bemerkt worden.

II. Für den Rest des 21. Jahrhunderts hat sich die Problematik etwas verschoben, und zwar durch die zunehmende Entstaatlichung der Gewalt. Der islamistische Terror wird nicht enden, wenn der Islamische Staat nicht mehr existiert. Der Terror war vorher da, er wird nachher da sein. Keine Regierung, keine Politik kann dies ändern. Also wird jeder Staat sich dagegen wehren müssen. Dass er dabei töten muss, ist häufig gar nicht mehr so wichtig, weil die Terroristen sich selbst töten, wenn die Polizei ihnen nicht, zum Schutz der Angegriffenen, zuvorkommt. Der Terror hat mit entstaatlichter Gewalt begonnen, er wird eine Waffe entstaatlichter Gewalt bleiben.

Gerade weil das 21. Jahrhundert, anders als alle Jahrhunderte zuvor, mit dem Selbstmord-Mörder und sogar der Selbstmord-Mörderin rechnen muss, läge eine Allianz der zivilisierten Staaten gegen den islamistischen Terror nahe, was den Krieg zwischen Staaten weniger wahrscheinlich machen könnte, als er heute noch ist. Im zweiten Jahrzehnt des 21. Jahrhunderts gab und gibt es bisher Orgien der Gewalt, aber keinen klassischen Krieg zwischen Staaten. Möglich ist er nach wie vor. Ihn nicht zu verhindern – und damit ein Inferno ungeahnter Schrecklichkeit – wäre daher ein Politikversagen, das die Fehlentscheidungen von 1914 weit übertrifft.

Ob es im Jahrhundert der entstaatlichten Gewalt noch zum großen Krieg zwischen hochgerüsteten Staaten kommt, ist nach wie vor offen. Es liegt in der Hand der Politik. Sicher nicht nur der deutschen, aber auch der deutschen. Dies gilt keineswegs erst, wenn sich die Spannungen so zugespitzt haben, dass kaum mehr ein Ausweg sichtbar ist, sondern zu jedem Zeitpunkt, also auch hier und heute. Schon ein Wettrüsten, etwa zwischen der NATO und

Russland, wäre – wenn wir die Erfahrungen der Vergangenheit ernstnehmen – ein Vorspiel zum Krieg.

Dieser Krieg wird inzwischen auf beiden Seiten wieder für denkbar gehalten, natürlich immer nur, wenn der jeweils andere ihn beginnt. Dabei ist beiden Seiten zuzugestehen, dass sie diesen Krieg nicht wollen. Sie rüsten ja nur, sagen sie, um ein Gleichgewicht herzustellen, das den Krieg verhindern soll. Diese Argumentation hat allerdings an Überzeugungskraft verloren.

Dies gilt vor allem, wenn in den Medien bereits ein Propagandakrieg im Gange ist, von der russischen Seite oft recht grob, von der westlichen raffinierter und wohl auch wirksamer. Wer Wladimir Putin mit Adolf Hitler vergleicht, hat, ob er es weiß oder nicht, die Hoffnung auf Frieden bereits aufgegeben. Denn Hitler wollte seinen Krieg, nur der Termin war offen.

III. Politik entscheidet also nach wie vor über Frieden und Krieg. Hätten die Verächter der Politik Recht, dann wäre der Tod wohl wahrscheinlicher als das Leben. Auch wenn sie nicht Recht haben, muss wohl eine neue Friedensbewegung denen in der Politik helfen, die rechtzeitig eine europäische Friedensordnung durchsetzen wollen.

Solange es noch eine Todesstrafe gab – und wo es sie heute noch gibt –, hatte und hat das Staatsoberhaupt – ob Monarch oder gewählter Präsident – das Recht der Begnadigung. So wie der Staat mit dem Recht auf Kriegsführung über Leben und Tod entscheiden kann, hat nur der oberste Repräsentant des Staates das Recht, einen Menschen, den ein Gericht zum Tode verurteilt hat, zu begnadigen. Das ist in sich schlüssig. Nur lässt sich der Krieg nicht so einfach vermeiden oder gar abschaffen wie die Todesstrafe.

Wer aber, ob er will oder nicht, letztlich über Leben und Tod entscheidet, dem wächst, ob er will oder nicht, eine schreckliche Bürde zu. Der Tod hat seine eigene Würde. Was davon auf die Politik ausstrahlt, ist eine fast übermenschliche Verpflichtung.

Vielleicht hat keine Generation dies so stark empfunden wie die der Soldaten, die 1945 mehr oder minder verwundert feststellten, dass sie den Krieg überlebt hatten.

Wenn eine Politologin vom Kaliber der Wendy Brown das Phänomen Donald Trump nur noch deuten kann, indem sie auf einen Schauerroman aus der englischen Romantik zurückgreift, an dessen Ende alle umgekommen sind, die als Handelnde auftraten, dann hat diese Deutung einen apokalyptischen Zug. Was der biedere, aber wissensdurstige Viktor Frankenstein zum Leben erweckt hat, rottet die ganze Familie aus. Man mag diese apokalyptische Dimension damit begründen – und rechtfertigen –, dass Frau Brown die Welt aufwecken, erschrecken will. Beim Autor dieses Buches ist ihr dies, soweit es noch nötig war, gelungen. Inzwischen könnte Brown auch darauf verweisen, mit welcher Hemmungslosigkeit sich der neue Präsident auf einen Wettbewerb in Beleidigungen mit einem gänzlich gewissenlosen, hemmungslosen Jung-Diktator in Nordkorea eingelassen hat. Dass die USA Nordkorea auslöschen können, war längst bekannt. Dass Trump damit drohte, rückt das Unvorstellbare näher an das Mögliche heran. Was wird aus der Politik, wenn das Apokalyptische und das Pubertäre sich mischen? Wer die europäische Geschichte nicht verdrängt, kann auch nicht mehr erwarten, dass ein hemdsärmeliger und doch naiver Nationalismus in eine friedliche Zukunft führen kann. Dass Trump die europäischen Populisten ermutigt, macht seine Tiraden noch schwerer erträglich.

Für jeden und jede, die wissen, wie ein Krieg im 21. Jahrhundert sich in den Methoden und im Waffengebrauch steigern kann, hat das Wort Krieg einen apokalyptischen Klang. Für Trump offenbar nicht.

Als die Sieger des Zweiten Weltkriegs die Vereinten Nationen gründeten, wollten sie ein Forum schaffen, in dem man sich austauschen kann, aber auch – durch den Sicherheitsrat – eine Autorität, die Kriege verhindern kann. Und nun müssen sich die Delegierten aus aller Welt Hasstiraden vom Präsidenten des Landes anhören, in welchem die Vereinten Nationen nicht ganz zufällig ihren Sitz gewählt haben.

Der Neoliberalismus, der bei Brown eher die Funktion des strebsamen Viktor Frankenstein hat, sollte die Märkte von politischer Gängelei befreien. Der Marktradikalismus, ein Kind des Neoliberalismus, rechtfertigte soziale Rücksichtslosigkeit und erniedrigte die Politik.

Wenn dazu noch ein robuster, erschreckend naiver Nationalismus kommt, so, als ob wir damit keine Erfahrungen gemacht hätten, fällt der Politologin das schauerliche Ende der Frankensteins ein. Und dann kann ein Urgroßvater mit politischer Erfahrung das vertrauensvolle Lächeln seiner Urenkel, das Strahlen der Geborgenen nicht mehr ertragen. Darum hat er dieses Buch geschrieben.

Auf wen ist denn noch Verlass? Auf den jungen Präsidenten Frankreichs? Wenn er aus Berlin keine Hilfe erwarten kann, weil dort ohne die Neoliberalen keine Regierung zu bilden ist, muss er scheitern. Und wird die Kanzlerin eine Regierung zustande bringen, die den Ball aufnehmen kann, den der mutige Präsident aus Paris ihr zuwirft?

Politik ist durch nichts zu ersetzen. Nicht durch kluge Kommentare, nicht durch wissenschaftlichen Rat, nicht durch Denkwerkstätten, nicht durch Rat von außen, etwa von den Kirchen oder Universitäten. Und ein einfaches »Weiter so!« reicht auch dann nicht, wenn eine neue Regierung wenigstens dazu in der Lage wäre.

Die Bundesrepublik Deutschland ist in eine Verantwortung hineingewachsen, die sie nicht erwartet, auch nicht gewollt hat. Sie muss dieser Verantwortung gerecht werden. Unsere Gesellschaft muss politisch wach werden.

Deutschland braucht einen Schub hin zur Politisierung. Die demokratischen Parteien brauchen weit mehr Mitglieder, um zu leisten, was ihre Aufgabe ist, zumal wenn jetzt eine Fraktion im Bundestag die Regierung »jagen« will. Die Jagd in eine Vergangenheit, die wir überwunden glaubten, wäre lebensgefährlich. Was wir brauchen, ist Wachheit für das, was kommen soll, noch mehr für das, was nicht kommen darf.

Dazu braucht es einen demokratischen Aufbruch. Und eine Aufwertung der Politik. Dem soll dieses Buch dienen.

ERHARD EPPLER

geb. 1926, Dr. phil., von 1968 bis 1974 Bundesminister für wirtschaftliche Zusammenarbeit, von 1961 bis 1976 Abgeordneter im Bundestag. Neben seinen zahlreichen politischen Ämtern war er u. a. von 1973 bis 1992 Vorsitzender der SPD-Grundwertekommission, Präsident des Deutschen Evangelischen Kirchentags, ist Mitglied im PEN-Club und Träger des Großen Bundesverdienstkreuzes.